AF434078

خواطر الفلاسفة

تأليف

محمد شعبان عبد الحي

اسم الكتاب: خواطر الفلاسفة

النوع: خواطر

تأليف: محمد شعبان عبد الحي

تصميم الغلاف: آية رمضان

التصحيح اللغوي: أحمد نادر

التنسيق الداخلي: بدر صبحي

رقم الإيداع: 2023/17352

الترقيم الدولي I.S.B.N: 978-977-86863-2-6

جمهورية مصر العربية-القاهرة

مدير النشر: أحمد مكى   جهاد محمود

01142340157 - 01208209008

ahmedmakay79@gmail.com

مقدمه

الحمد لله رب العالمين وبعد

قد تتغير كل ثوابت الحياة في نظرك وتختلف أمور كثيرة وتختلف نظرتها في حياتك وقد تصعب على حياتك وصفها وقد تصعب عليك وصف العديد من الأمور في حياتك لذلك عملت في هذا الكتاب على وصف حياة الشخص وطبيعة مشاكله وكيف أن الأحداث يدور محورها في حياتك كل يوم بتكرار وكيف تعيش حياتك برخاء وفرح وسعادة ومودة يألف قلبك فيها كل شيء جميل ويبتعد قلبك فيها عن كل ما يؤذيه لذلك عليك إذا قرأت أن تعلم أن حياتك لا تخرج عن سياق كلامي ولا يتحرك شيء فيها إلا وكان واقع تعيشه وتعيش بوجدانه في حياتك

ووسط الأحداث التي يمر بها العالم من أحداث صعبه على قلبك ستعلم وقتها كيف تتجنب عواقبها بتجاهلك وشكرًا سيدي القارئ

والكتاب لايعطيك سره إلا إذا قرأته كله

عبد الفتاح ابو غدة

حياة السعداء

ماذا يحتاج الإنسان لكي يكون سعيد ؟

أول طريق السعادة هي الراحة النفسية التي يتمناها كل شخص منَّا، كثيرًا ما تشغلنا الهموم والإنشغال الذي يكون سبب في الإرهاق البدني؛ والوهم القاتل الذي يعيش داخل مجتمعنا؛ والتوتر النفسي الذي يعيشه كل شخص منَّا، لذلك؛ فإنَّ أول سبيل لإسعادك هو البحث عن الراحة النفسية، الراحة النفسية هي أول طريق السعادة؛ ممكن أن تجدها مع شخصٍ يحبك وممكن أن تجدها مع الشيء الذي يفرحك ويجعلك أسعد شخص في الدنيا، لذلك؛ حاول إسعاد نفسك بتنظيم وقتك والبحث عن ما تحب حتى تصل إلي الحب والسعادة الأبدية التي تكتمل بها حياتك، لذلك؛ الحياة ما هي إلا كَرَاحل استظل بِشجرة، هذه الشَجرة يُبْنَى بها طموح حياتك وأمالك في إسعاد نفسك؛ لذلك عليك بالبحث عن ما يسعدك لأن الحياة التي تملك فيها السعادة هي حياتك التي تتمناها في المستقبل؛ لذلك لا تفكر فيما مَضَى من اليأس لأنه سيُحطم من سعادتك ويقلب عليك الأمور، لذلك لا تفكر في مَن يحملك إلى الإكتئاب لأن سعادتك هي حياتك ولأن ما ستعيشه في المُستقبَل هو مَن سيُحدد قراراتك حول إسعاد نفسك، لذلك فكر فيما يسعدك ولا تفكر في مَن يذهبون بسعادتك إلى بحر الظُلمات ويجعلون من حياتك سبيل للعبور إلى نجاحهم، ربما يكون في طريق سعادتك مشقة مؤلمة لكن ثقتك دائمًا في الوصول إلى النجاح هي التي ستفتح إليك أبواب الفرح على مصرعيها وتغلق أبواب الوهم

والإكتئاب أمام عينيك، لذلك فكر جيدًا فيما يسعدك ولا تجعل الملل في البحث عنه يُؤلمك لأنك حتمًا ستصل إلى سعادتك وستضع القدم علي القدم للوصول إليه لأن ما تبحث عنه هو أملك وحياتك التي تحفظ لك حقوق حياتك البسيطة التي تريد أن تكملها باب من أبواب السعادة التي لا يغلق مفتاحها ولا يدخل الإكتئاب من بابها ففكر جيدًا وابحث جيدًا لأن عنوان حياتك في البحث هو ما سيجعلك تصل إلى السعادة مسرعًا، وقد قال أرسطو أن السعادة هي معني وهدف وغاية الحياة؛ فكن هدف لبناء السعادة وكن على يقين بأنَّ ما ملكته من السعادة هو القدر الذي ستمضي به إلى حياة الفرح والسرور وستقتل به نوائب الإكتئاب التي أخذت من سعادتك حتى جعلها كالصفر ليس له قِيمة، لذلك؛ فإنَّ ما أسعدك هو ما سيجعلك تنعم بالسعادة طوال الأمد ويجعلك تصل إلى قرارات مزدوجة بإسعاد الآخرين من حولك، وإسعاد الآخرين من حولك هو ما سيجعل حياتك في قصر من السعادة ينعم بها كل مَن يقترب منك، لذلك عليك أن تستمتع بالسعادة كيفما تشاء لأنها طموح وحياة تمضيك لبناء الأمل وسرور المستقبل؛ وهي من ستحملك للعبور من دنيا الظلام إلى دنيا الفرح وستخلد معك ذكرياتها التي ستعيش معك طوال الحياة وسترحل معك في دنيا السماء ولا تتركك إلا حين تراك في حياة مليئة بالهناء والسرور والفرح، لذلك؛ فإن كان ما يسعدك سيبلغ بك أن تدفع له؛ فَعليك أن تدفع كل ما تملكه لأنك إذا ملكت السعادة ملكت كل شيء وإذا فقدتها فقدت كل شيء، ففكر في بنائها ولا تعرقل سعادتك بوهم قاتل قد يسحبك إلى فراغ يقتل من سعادتك؛ من حياتك؛ حتى يوصلك إلى اليأس والإكتئاب ويرجعك إلى النزول تحت تراب كله ظلام؛ لا ترى نور يسطع فيه حتى توصلك إلى درجة تتمني فيها أن تبحث عن فرحة تحملك إلى سعادة أبدية وتجعلك تخرج من إكتئاب لا يؤدي إلا إلى الحزن

والعذاب، لذلك فكر في أي طريق يحملك إلى السعادة وأستعمله حتى تصل به إلى دنيا السرور والفرح والبهجة وتعيش مع من أسعدوك إلى أبد الأبدين، لذلك؛ فكر جيدًا وابحث جيدًا عن نواميس السعادة ونغمات الفن

: :

إنتهاء الهم

كيف انتهي من الهموم ؟

الهموم تعد بمثابة ظلام يغيم حياة الإنسان ويجعله في نوبة بكاء وحسرة دائمًا ويجعله في مواطن الحزن ساكن ويريد أن يتخلص منه لأنه أصبح قاتل يأخذ من حياة الشخص ويقتل كل طموحاته وأحلامه ويأخذ جزء كبير من حياته ويكاد أن يكون سبب في تدمير وقتل طموحاته حول المستقبل، لذلك عليه أن يدرك أن التخلص من الهموم هو أول طريق النجاح والسبب في إنتهاء الوهم أننا نبحث عن ما يخرجنا منه عن طريق البحث عن اغتنام سعادة الحياة والتخلص من أكبر الهموم التي تشغله والركون إلى جانب التفكير في التخلص من كل ما يشغلنا، لذلك؛ فإن البحث عن التخلص من الهموم هو أول طريق للخروج منها وهو أول طريق من طرق البحث عن السعادة، لذلك؛ عليك باغتنام أي شيء يخرجك من هموم الواقع ويمضي بك إلى سعادة المستقبل والعيش في أمان دائمًا في رحلة السعداء، لذلك؛ فإن الهموم تجبر الإنسان على أفعال تغضب الكثير من حوله وتجعله يعيش حياة مليئة بالإكتئاب حتى تصل به الهموم إلى اليأس وإلى الركون إلى الجانب المخزي دائمًا، وعدم بحثه عن الخروج من الهموم يعد بمثابة قتل لطموحاته وقتل لحياته المستقبلية والخروج من الهموم له أبواب واسعة كثيرة أولها التخلص من ما يأتي منه الوهم والبحث عن ما يسعدك ولا يعيدها مرة أخرى والبحث الجيد في الخروج من الهموم؛ عدم التفكير المستمر في

البحث عن ما يزيدك من الهموم هو طريق من الطرق التي تنهي الهموم وتمسحها من ثوابت المستقبل وتمحيها من الواقع الذي تعيشه، لذلك فكر في أن تخرج من الهموم بأي طريقة ممكنة لأن حياتك لا يعيشها أحد غيرك ولن تزيدك الهموم بالنجاح؛ بل العكس، الهموم تقتل من حياتك مثلما يقتل الدخان الإنسان وتسحب من طموحك ما تسحبه الأيام من الوقت، والهموم لا تذهب بك إلى كنز بل تسحبك إلى حفرة ظلماء لا نور فيها بل بها دائمًا شقاء؛ والشقاء لا يمجد من حياة الإنسان بل يقتله ويقتل جميع أحلامه وتذهب به في هوايات الوهم والركون إلى الحائط؛ لكي يختبئ بداخلها، ولذلك يقال أن الباب الذي يهب عليك منه الريح أغلقه لتستريح، فالباب الذي يأتي لك منه الهم أحجزه ولا تجعله يمر إلا وأنت في مكان آخر من السعادة؛ والحياة التي تمنحك السرور والسعادة، لذلك فكر في أول طريق للسعادة وأغلق أبواب الهموم على مصرعيها وأغلق الهموم بأقفال لا سبيل لخروجها مرة آخرى؛ وتذكر أن كل هم أغلقت عليه باب يجب أن تبني بعده جدار من الفرح والسرور والسعادة لكي لا تعود بك الأيام وتجد نفسك هدمت هذا الجدار وفتحت الأبواب المغلقة أمام الهم ليعود مرة آخرى، وتذكر أن كل محاولة فكرت بها أو سعيت لها للتخلص من هذا الوهم هي نجاح سيحملك إلى حقائق الواقع السعيد الذي تتمناه، ولذلك اقتبس من وقتك دقائق وتذكر فيها جيدًا كيف اتخلص من الوهم والهم القاتل الذي بلغ بك من المشقة والمعاناة التي عيشتها طوال الوقت في أحضان الهم وفي مواطن الألم والحزن والإكتئاب، لذلك عليك بالتفكير جيدًا لأن أصعب ما في الحياة أن تحمل همومك في كل مكان معك وتحملها إلى مواقف صعبة حتى لا تستطيع التوقف عن أمر لحله، الهم أصعب شخص سيء ستقابله في حياتك وأصعب موقف سيقف أمام أحلامك وحياتك، الهموم قد تقتل أشياء

وأحلام دامت واستقرت وحلمت بها في يومٍ وقد تجعلها مثل التراب تدوس عليها أمام عينيك من أجل أشياء لا تستطيع الوصول إليها، إذا أوقفتك الهموم يوم على بعض الأمور الهامة في حياتك عليك دائمًا أن تتخطى عواقبها وتمر وتقتلها لأنها لا تنفعك وإنما أحيانًا تدمر جزء في داخلك وتحملك إلى المعاناة أحيانًا، لذلك عليك أن تتذكر أن الهموم لا سبيل للغناء عنها إلا إذا أتقنت أن الحل في كل مشاكل حياتك هو في إتخاذ أفضل الأمور في حياتك إلى الجانب الأفضل والأحسن الذي يجعلك تعيش في حياة بدون هموم وبدون أن تعاني في حياتك.

::

منح الحياة

هل تمنحني الحياة أشياء أريدها ؟

ربما لا تمنحك الحياة كل شيء لكنها ستعطيك أشياء تساوي كل شيء وربما تأخذ من حياتك أشياء لكنها ستعطيك أشياء تبتغي أنها لك بالدنيا وتفرح قلبك وتنور بركان حياتك نحو الأمل الذي تبتغيه دائمًا، لذلك؛ فإنَّ كل ما تريده لن تستطيع أخذه كله لأن هناك أشياء مفقودة لا تستطيع الوصول إليها إلا عن طريق المعاناة؛ وربما لا تستطيع الوصول إليها؛ ولكن الحياة ستمنحك أشياء لم تكن تبتغيها ولكنها ستصبح بمثابة كل شيء كنت تريده وسيكتمل ميزانك حولها وأفكارك ستتنسق معها وتتلاءم مع أفكارها وستأخذ من هذه الأشياء البسيطة كل ما أردت وتتغلب على ما بقى بما وجد في يديك، لذلك تفكيرك لا يذهب بك نحو ما فقد من يديك لأنك ستمضي في طريق وهم لا تستطيع من خلاله أن تصل إلى كل شيء، لذلك عليك أن تفكر فيما هو بين يديك وكيف تأخذ منه ما فقدته يديك نحو المستقبل الذي كنت تريده وتبتغيه دائمًا لأن ما فقدته ولم تصل له يديك سيكتمل مع الحفاظ على ما في يديك وسيكتب لك تاريخ، فأنك فكرت جيدًا في الوصول من خلاله والأخذ منه؛ من ما أردت؛ حتى تكتمل خطوات النجاح نحو المرور إلى ما تبتغيه على أنك إنسان تحمل ما في يديه حتى جاءت إليك راكعة وأنت لا تريدها وتستمر معك نحو خطوات الأمل والوصول إلى ما فقدته يديك مع مرور الوقت ومع تزاحم الأحداث من حولك؛ ففكر أن ما فقدته ولم تصل إليه سيأتي يومًا وتجده بين يديك ينتظر منك أن توافق على قدومه ويجعلك تفكر في

كيفية إستغلاله والانشغال بما سيأتي بعده، وكان هناك أحد الحكماء يقول " تمنحك الحياة سرها متأخرًا حين لا تكون قادرًا على العودة للخلف " ولذلك عليك دائمًا بإستغلال مِنَح الحياة التي ترسم أمام وجهتك مستقبل عظيم يتكون مع قرارات في حياتك ويتكون به شخصيتك وحياتك، الحياة تمنحك أسرار كبيرة وتمنحك قيمة عظيمة ربما تقف أمامك أمور لا تحسبها وربما تعرقلك أحيانًا قراراتها الغير صائبة ولكن هذه المنح تكون عامل من عوامل التهوين عليك بل تكون دافع حول إستمرارك إلى التقدم و إلى أن تكون قيم أمام نفسك وأمام المجتمع والناس، ربما تجد الحياة وظروفها غير متكافئة في حياتك وربما تكون قراراتها غير صائبة في حياتك وربما تعرقل بناء مستقبلك أمام عينك ولكن مواهب المنح التي ستعطيها لك هي ما ستسهل عليك بعض الأمور بل أغلبها لا تجعل هذه المنح تذهب منك هباءًا وأستغل قدرتك على إستغلالها وأرسم بها فرحة المستقبل وتقدم الحاضر وأجعل لها مكانة في حياتك وأسلوب تجتمع به ذكرياتك، أحيانًا يكون الوصول إلى المنح صعب ويبلغ مشقة كبيرة وأحيانًا تتغلب علينا الظروف لعدم الوصول إلى ما نريده منها؛ ولكن المشقة التي واجهتها من أجل الوصول إلى هذه الغاية هي من سترسم الحياة والمنح التي تريدها أمام عينيك وأمام مستقبلك، الحياة تأتي بمنحها في أصعب المواقف لديك عندما تجدك في مهب الريح، واليأس يأتي إليك لتكون عامل من عوامل إسعادك ومن عوامل الخروج من واقع مرهق ومؤلم إلى واقع عظيم وجميل وكبير تبني به حياتك من جديد ويرسم وجهتك نحو مستقبل عظيم تشرق به حياتك وتتجمع معه قراراتك لأن الحياة في غالبها عادة تتكرر مع تكرار المنح فيها، والمنح إذا تكررت واستخدمتها فيما يليق بها جعلتك تعيش أجمل أوقات حياتك وأسعدتك قرارتها وأسلوبها ومكانتها عندك، الحياة

منحها عظيمة وتأتي في غالب الأمر في صالحك وتأتي إليك بما لا تتوقعه، الحياة فرصها كبيرة وكثيرة تعظم عند أي شخص استخدمها فيما يليق بها وفيما تستخدمه لأجلها، المنح تأتي لتضع لك فرصة للقيام مرة أخرى بل وتجعل لك العديد من الأمور التي كنت تحتسبها في غالب أمرك أنها مستحيلة، لا تحسب أن المنح التي تعطى لك جاءت من فراغ بل إجتهادك ومشقتك في الوصول إليها، هي ما حملها أنت؛ تتيح لك فرصة كبيرة في الوقوف على إستغلالها والركون إلى جانب السعادة فيها، المنح تعظم عند جميع الناس بإستغلالها والتفهم مع ما تحمله إليك والإستخدام الذي يليق بها.

: : : : : : : :

الإصرار

كيف أصل إلى الإصرار رغم عدم الوصول إليه كاملًا ؟

الإصرار على الوصول إلى الهدف هو النموذج المشرف الذي يوصلك دائمًا إلى ما تريد حتى وإن لم تصل إلى أهدافك فيه بالكامل إلا أنك إذا واصلت عليه، قد تهب رياحه إتجاهك يومًا ما؛ لذلك فَعَليك بالإصرار على الوصول دائمًا لأنه حتمًا في يومٍ ستصل إليه وحتمًا سيتغير واقعك نحو النجاح، فالإصرار على الوصول والتمكن شيء يعجب في الواقع وقد يمنح حياتك فوز لا ينبغي لأحد بعدك، لأنك بالإصرار ستكون قيمة ذاتية وطموح لا إرادي، لذلك؛ فالعبور نحو هذا الإصرار قد يأخذ من وقتك وحياتك لكنك ستصل يومًا ما إلى الهدف وإلى الحياة والطموح الذي تريده، لذلك؛ الإصرار كنز لا يكلفك كثيرًا ما دمت على حقٍ فيه، أما إن كان الإصرار على باطل سيكلفك عواقبه كثيرًا وستنقبل عليك الموازين، لذلك فكر جيدًا في أي نوع تضع فيه إصرارك، أتضعه في موضع الخير وسوابقه حول النجاح أم تضعه في دائرة الإصرار على الخطأ وعواقبه؟، لذلك فإن الإصرار على الباطل سيظل باطل أما الإصرار على النجاح ستصل إليه رغم الوقوف حول طموحاتك وهدمها، لذلك فكر جيدًا واستنتج من طموحاتك وإصرارك حول النجاح قانون تعمل به وتصل به إلى الهدف الذي تبتغيه حتى وإن لم تبلغ منتهاه؛ لكن شرف المحاولة سيعطيك من العزيمة والقوة ما سيفتح عقلك ويعطيك قوة فكرية واسعة لأن من حاول الوصول ولم يصل بجسده أعطاه عقله

كيفية الإدراك، لذلك إصرارك على البقاء سيجعلك دائمًا طموح وصاحب أفكار مزدوجة، وإثبات الإصرار بداخلك هو ما سيجعلك تصل مسرعًا إلى إحدى طرق النجاح والإهتمام وسيعلمك أشياء كثيرة نافعة وسيضع من قراراتك أشياء ممكنة في حياتك تستمر معك حتى الوصول والركون إلى نجاح يبهرك، الإصرار دافع من دوافع القوة؛ يجعلك دائمًا في موقف أفضل، الإصرار هو الطريق الوحيد الذي إذا مشيت فيه ببطيء وصلت، وإذا مشيت فيه بسرعة وصلت مسرعًا إلى مُرادك، الإصرار كيان تسير عليه حتى تصل إلى غاية مشرفه في حياتك وعظيمة في كيانك تجعلك دائمًا تعيش أوقات خالدة في حياتك مع النجاح وهو الذي يجعلك تعيش أفضل الأوقات مع هدف واضح يرسم قرارات عظيمة في حياتك ويجعلك تتعارف على أفضل أوجه النجاح ويرسم طموحات إبتناها لتكون أقوى من أن يخترقها أحد أو يحاول إيقافها، الإصرار موهبة إذا أتقنتها أحتفظت بقمة الوصول وأكتسبت معرفة هدف أوضحته الحياة حتى تستطيع التعلم منها، أنه لا سبيل للغناء عنه وأن حياتك لا تكتمل ولا ترسم أهدافها إلا به، لذلك؛ عليك أن تستمر على الإصرار وأن تعلم أن الإصرار سر من أسرار النجاح وطموح من طموحات الحياة، لذلك عليك أن تفكر في أن الإصرار على الوصول إن لم ينفعك لا يضرك ولا يضعك في موقف محرج في حياتك بل يجعلك في نظير أصحاب المحاولات ناجح لأنك أصبحت تتمنى الوصول دون غاية معينة في حياتك ودون أن يعيقك في حياتك أمر، الإصرار عبارة عن تحدي مع ظروف الحياة إما أن تسبقها بنجاح أو أن تظلمك في قراراتها مع إبتناء الواقع، الإصرار عزيمة و إرادة تولد بداخلك وتتكون معها قرارات صائبة في حياتك، الإصرار هو الهدف الذي يكتمل مع كل طموحاتك وتبني عليه حياة تليق بك، لذلك؛ لا تلتفت إلى أحد وأجعل إصرارك على التكملة طريق تسير

عليه في أصعب المواقف حتى تبني حياة جميلة مليئة بالنجاحات والطموحات والأحلام التي تبني مستقبل تعيش به في أسعد حالات حياتك وتستمتع به في أفضل المواقف إليك، أكمل في طريق الإصرار فالإستمرار فيه عزيمة؛ ولا تجعل إصرارك على الخطأ يقنعك أنك في نجاح حتى لا يأتي عليك وقت تتمنى فيه الموت من ما فعلته في نفسك ومن ما أتخذته من قرارات قتلت بعض أحلامك ودمرت أمور في حياتك كبيرة، الإصرار على الخطأ يكثر منه والإصرار على النجاح يرفع من قدره ويعلي من قيمتك أمام المجتمع والناس ويجعلك تعيش سعيدًا في حياتك بل يجعلك تعيش أوقات النجاح في راحة بال والوصول إلى الغاية التي كنت تريدها.

: : : : : ::: : : : : : : : : : : : : :: : : : : : : : : : :

صديقي

كيف أحافظ على من أخلص في صداقتي ؟

الصديق دائمًا هو المستقبل والنصف الآخر منك؛ ودائمًا هو الأقرب إليك؛ من أحب الناس إليك، فهو النغمة والقصة التي تشكل حياتك وتحافظ على أسرارك، لذلك؛ فالصديق هو الجوهرة التي إذا فقدتها فقدت متعة النظر إليها والإستمتاع بصداقاتها، فهو الكنز الذي يسمع لهمومك ويداويها ويكن لك عون عند الحاجه، فهو الذي يحفظك ويعلم كيف يصادقك، لذلك؛ فهو أقرب إليك من أخيك دائمًا لأنه هو الذي يتغنى بك في أي مجلس يجلسه ويدافع عنك عند الحاجة؛ وفقدانه يكون ألمًا يسودُ حياتك ويكون بُعدهُ ألم وقتل لحياتي وطموحاتي التي تكتمل بوجوده، فهو صاحب حياتي وقلبي وهو الأمل الذي يرسله الله لكي يكمل طموحاتي ويرسم الطرق المستنيرة أمام عيني، لذلك؛ كن في صداقته مخلصًا ولا تجعل أحد يكون سبب في الدخول بينك وبينه ولا تجعل من كلمة صغيرة لا تحمل معنى قيمة لفراقك عنه؛ وأجعل مودتك له قائمة وباقية، ولذلك؛ يقول أحد الحكماء " الصداقة عبارة عن عقل واحد تم تقسيمه في جسدين "، والصديق دائمًا ما تحكم بينك وبينه متشابهات في حياتك، لذلك؛ فهو العقل الذي يفكر باسمك وهو السند في وقد الضيق وهو الذي يجعل همه همك وفكره فكرك، لذلك؛ لا تدع الأيام تفرِّقكم عن بعضكم ولا أن تدخل في مودتكم وإخلاصكم؛ وهناك حكمة تقول " أن الصداقة هي ما يتم شرحه في العالم لأن إخلاصه شيء مبهم

لا يمكن تصديقه في غالب الأمور "، الإخلاص دائمًا في مودة مَن تصادقه أمر عظيم يُقدره المجتمع ويحفظ لك ما قدمته لأن ما بنيَ على وفاء ينتهي دائمًا بوفاء، أصعب مواقف الحياة ستعلمها عندما تقع في واقعة لا يحملك فيها إلا من كان مخلصًا في صداقتك، أصعب الأمور ستمر عليك عندما لا تجد وفاء أو أحد يحملك عندما تكن الصداقة هي الجزء الذي يحمل طموح وأحلام ومبادئ دامت في حياة اثنين عرفوا معنى الوفاء والقرابة، لا تعتمد قرارات تفسد الإخلاص بينك وبين من تصادقه ولا تسمح لأحد يكون مدخل لرفع إخلاص مودتكم من بينكم، أحيانا يدخل الإختلاف في مودتكم وأحيانا يحاول أحدًا التسلل لإختراق أساسيات إخلاص صداقتكم لإفساد علاقة قرابة دامت لسنوات، أعلم وقتها أن غفران ذنب فعله شخص في صداقتك أكبر بكثير من أن يحاول أحد التسلل لإختراق قرابتكم وطمس هويتكم بالشقاق، ما جمعته مودة لا تضيعه كلمة وأعلم أن ما حدث ولو كان عظيم إلا أنه يهون كما تهون الأيَّام والليالي وأعلم أن ما حدث ولو كان صعب إلا أنه يسهل بالتقارب بينكم، وكان هناك حكمة قالها مصطفي محمود " كل تعارف بين اثنين يتضمن قبول المخاطر لأن في قبوله ضرب لمن حاول الدخول بينكم ونزع هوية الحب التي تجمعكم، لذلك عليك أن تعلم أن الصديق هو الجزء الكائن والباقي في حياتك، الصديق الذي علمته الوفاء هو من سيحمل لك سعادة جميلة تتمتع بها وتكتمل معها قرارات كثيرة لذلك لا تجعل لأحد مدخل للدخول بينكم وإفساد الوفاء الدائم في حياتكم، الصديق ليس شخص أخر يختلف عنك بل هو الذي تجمع بينكم أغلب العوامل المشتركة وأغلب الأمور السائرة في حياتك لا تجعل صداقتك له مجرد عمل ولا تجعل سبيل بأن يفسدها العمل، الصديق هو الذي أكمل أجزاء ناقصة في حياتك و ابتنى بعض القرارات التي تبتغيها وتريدها، الصديق

هو من يواسيك عند الحزن ويأخذ بيدك إذا أحب الوصول إلى الفرح، الصديق هو من تجمعه معك صفات ويختلف مع ما تختلف عنه في أغلب صفات حياتك، الصديق لا تحسبه غريب عن حياتك لأنه هو من يحمل سرك ويحمل اسمك في قلبه؛ بل هو من تلجأ له عندما تكون في أصعب المواقف لديك، الصديق الذي تحمل له الوفاء لا يحمل لك إلا الصدق والأمانة والمودة والحب، لذلك؛ لا تجعل صديقك يُعَانِي يومًا من معاملتك له؛ حتى وإن فعل معك أكبر الأشياء؛ لأنه هو ما سيعاني من بعد الفراق عنه ويتألم عندما لا يجدك بجواره، الصداقة مودة ورحمة تتقبلها قلوبنا وتتزين من أجل إستقبالها

:: :::::::::::::::::::::::::::::::::::::

جروح الوفاء

هل جرح الوفاء ينتهي ؟

في غالب الأمر جروح الوفاء والإخلاص لا يدويها الزمان ببساطة لأنها جروح تقتل من حياتنا جزء كبير وتحطم نفوسنا وتخيب أمالنا، وهذه الجروح تترك بصمة وجع في قلبك لأن مَن أخلصت لهم وأصدقت في الوفاء معهم يتركونك في منتصف الطريق ورغم إخلاصك الشديد لهم إلا أنهم يتركون كل هذا لأنك أصبحت غير لائق بهم، لذلك؛ قبل أن يتركوا جسدك يتركون الألم بداخل قلبك وتتمنى وقتها أن يكون الموت هو الوسيلة التي تبتغيها لتنتهي من هذا الألم وتأخذ العبرة من وجهك لون الغضب وتشيع في وجدانك نوامس الألم والجرح والعذاب، لذلك؛ لا تفكر في من باع إخلاصك له بكلمة ليجرحك ولا تلتفت إليه لأنه لو أبصر يوم على قلبك لتمنى أن تكون له الدنيا، ولا تحزن يوم على ساعة ضحكت عليك بها ولا تغضب يومًا على فراقه عنك لأنك ستعيش ألم الفقد والحسرة عليه وعلى فراقه عنك، لذلك؛ من أخذ قطع الحب من قلبك خذ حياته التي في عقلك وأتركها في بحر تأخذها الأمواج إلى حيث لا يدركها أحد وأطرح هموم قلبك على النسيان لأنك لو تذكرت فراغاتها ستقتل نفسك بنفسك، وواقعك الذي تعيش فيه مع الجروح والألم هو الذي سيمضي بك يومًا إلى الخروج من الهموم والإكتئاب ومن جروح الوفاء التي عانيت منها دائمًا، لذلك؛ فكر في كيفية التخلص من هذه الجروح التي قطعت من جسدك يوم من شدة الألم والوجع الذي في قلبك

ولا تلتفت يوم إليهم وإذا خاطبوك على العودة فخاطبهم عن الإستغناء وعن عدم الوفاء لهم مرة أخرى و انسى ما فعلوه فيك وتعلم دائمًا أن خطواتهم القادمة كلها إنتصار لك ومَن أوجع قلبك يومًا حتمًا لا محال سيتحطم قلبه ويذوق من ما ذاق به قلبك، بل ستكون عواقبهم أشد من ما فعلوه معك، لذلك أمضي في طريق نسيانهم ولا تتذكرهم إلا مع أناس لا قيمة لهم عندك وأمسحهم من دستور حياتك لأن وجودهم فيه ندم لك وقتل لمعارف قلبك وتزويد لهمومك وعتاب على لحظات ندم لأنهم لا قيمة لهم في حياتك و هم أصحاب النقاط السوداء التي وضعت في قلبك وتأثرت بها جوارحك وتألم بها وجهك وجعلت الدنيا تضيق عليك بما رحبت، لذلك؛ أجعلهم في قائمة سوداء ولا تلتفت إلى عبارتهم وأفكارهم وأمسح حياتهم من عقلك ولا تجعل العقل يفكر فيهم ولو للحظة واحدة لأنهم أصبحوا خارج دفاتر حساباتك وخارج عن حياتك لأن مصائبهم ستصيبك في كل وقت تتذكرهم فيه وستتألم على كل لحظة مرت معهم، لذلك؛ أجعلهم مثل الحذاء الذي مذقته فقمت برميه ولا تفكر في إصلاحه يوم لأنه حتمًا سيقطع وسيؤلم قدمك، لذلك؛ أحذف ذكرياتهم من حياتك ولا تلتفت إليهم يوم لأن وفائك لهم كان إخلاص أما وفائهم لك كان قتلك والأخذ من حبك لهم وإلقائها في قمامة يرمي فيها كل شيء مستقذر، الوفاء صفة كبيرة لا يعلمها من قتل جزء بداخلك، الوفاء أن تعيش مع شخص تبذل كل ما لديك لتجعل له حياة جميلة، الوفاء هو أول علاقة تبني أسر وتكون مجتمع، الوفاء قيمة كبيرة وعظيمة لا يعرفها أغلب من ينكرونه ويسيرون بخلافه، الوفاء هو ما يصنع الرجال ليس الغدر، الوفاء يجعلك تعيش أمتع أنواع الأخلاق والصفات التي تكتمل بها حياتك، لذلك؛ عليك دائمًا أن تبذل أكبر جهد من أجل الوصول إلى درجة الأوفياء وأقسم على حياتك أن لا مخرج للوفاء منها لأنه القيمة التي

تحدد حياة سعيدة لك ولمن حولك، الوفاء جزء كائن في حياتك لا تجعل أحد ينقص منه ولا أن يقلل من قيمته عندك، لذلك؛ أحتفظ بوفائك لهم وأجعل له مكانة خاصة لا يجب أن يخترقها أحد لأن أصحاب الغدر سيحاولون التقليل من وفائك ويتحدثون عنك في أوقات أنت أحوج فيها إلى من ينصرك، الوفاء لا يتساوى بالقيمة بل هو الشيء الوحيد الذي لا يباع ولا يشتري، بل هو الجزء الذي يجب أن تقدمه إلى أقرب الناس إليك لتعيش في أفضل الأوضاع سعيدًا بما قدمته، الوفاء يستمر معك طوال الدهر بل يجعلك تحتفظ لمن أوفوا معك عظيم ذكرياتهم وجمال كلامهم وأرقي عبارات كانت لديكم، الوفاء هو ما سيجعلك تشعر بالرضا في حياتك ويجعل من معايره اتزان وتساوي في حياتك وتكوين لما كنت تريده فيها، للوفاء قيمة عظيمة تمنح لمن جعل للوفاء مكانة وحب وإخلاص ومودة.

::

الفشل

الفشل بداية النجاح ؟

لم يكن الفشل يومًا زريعة للإحباط والإكتئاب ولكن الفشل هو السبب الذي يجعلك تفكر في طريق النجاح، فهناك من يفشل في الوصول إلى هدفه لكن إرادة الله تريد أن تبقيه على طريق النجاح، والفشل ليس وسيلة لليأس بل هو وسيلة لعدم الوقوع فيه مرة أخرى، والتعلم أن النجاح لابد أن يأتي وهو تجربة لكل شخص وقع فيه أن لا يعود إليه مرة أخرى لأن طرقه التجريبية تعد بمثابة طموح ونجاح يحقق لك مصلحة للخروج من هذا الفشل بالإستفادة من النجاح في المستقبل، لذلك لا تفكر في الإحباط في حين الوقوع في الفشل، لأن الفشل ليس تهمة إنما هو تجربة للوصول إلى النجاح المطلق والعبور من الفشل بأقل الخسائر الممكنة و اكتساب العديد من الخبرات فيعدم الوقوع في الفشل مرة أخرى، لذلك إذا وجدت أحد أحبطه الفشل يومًا فكن عونًا له للوصول إلى النجاح، فربما في الفشل إستفادة ممكنة تعبر عن سبل وطرق النجاح للوصول إليه، فلا تبخل يوم على أحد الفاشلين بالنصيحة لأنه بحاجة إلى من يمسك بإحدى يديه للعبور إلى النجاح والفلاح الممكن الذي سيحدد مصير حياته وينور طريق مستقبله حول السعادة في نجاح دائم يعطي كل حياته سرور وتفاؤل وهناء، لا تجعل من الفشل قيمة وقامة ولا تكن سبب في إحباط أحد بالفشل حتى وإن كان مصيره وطريقه فشل لأن تحطيمه سيقتله في منتصف الطريق ويجعله يفشل أو

أن يكون صاحب عزيمة وإرادة ويبني نفسه ويعايرك يومًا ما على تحطيمك له، لذلك لا تجعل نفسك زريعة للفشل أو باب يدخل منه الفشل إلى الناس وحارب من يدعون إلى الفشل بالطموح والأمل حتى وإن وقعت فيه يومًا ما؛ لأنك حتمًا ستصل إلى النجاح وحتمًا في وقت من الأوقات ستنجح وستدمر الفشل يومًا ما وستقتل الفشل وتذبحه بسكينة باردة تعذبه حتى لا تجعله يعود إلى حياتك ومستقبلك مرة أخرى، وكان أحد الحكماء يقول أنك لا تخسر حقًا إلا إذا توقفت عن المحاولة لأن ذلك يعيق قرارات ناجحة في حياتك وهو الإستمرار على الفشل دون دعمه بالنجاح أو الوصول إلى غاية بعيدة دون بناء قدرات توقفك على نجاح دائم، لا تحاول الوقوف على الفشل وإستنتاج محاولات فاشلة منه وفكر دائمًا في أن عدم الوقوف على الفشل نجاح لبناء مستقبل يليق بك وتكوين أشياء في داخلك تجعل من حياتك قيمة كبيرة، ولا تحسب يوم أن الفشل هو الجزء الذي قتل أحلامك أو أن إستمرار المحاولات بالفشل هو أنك مهزوم، في حقيقة الواقع؛ عليك أن تحاول بالإستمرار على وسائل تجعل منك قيمة وقامة ولا تجعل الفشل وسيلة لغمس طموحات دام وجودها في حياتك أو عاش على حلمها من حولك، إياك أن تتخذ قرارات تحاول الوقوف بها على عدم المحاولة لأنه مع مرور الوقت ستتغلب نفسك على الملومة على الفشل في حياتك، إياك أن تترك الفشل دون أن تأخذ عبرة منه وإياك أن تحاول الوقوف عليه لأنه وقتها سيدعمك إلى بناء طموحات فاشلة في وجوه من حولك وسيجعل كل من يحاول مجددًا أن يقف عند محاولاته متردد، الفشل لم يكن يومًا زريعة لقتل جزء بداخلك بل هو القوة التي تدعمك علي أن تكون ناجحًا في يومٍ من الأيام، إياك أن تحاول إحباط الآخرين بفشل أنت صاحب القرار فيه وإياك أن تحاول الوقوف أمام شخص حاول الخروج من الفشل لبناء

مستقبل حتى لا تتحمل أعباءك وأعباء من حاول الوصول إلى غايته التي يريدها، الفشل هو بداية الطريق الذي يرسم نجاح المحاولات، الفشل ليس هو ما سيقتل منك بل الوقوف عليه هو ما سيجعلك تعيش في واقع كبير مرهق ومؤلم، الفشل يدعمك بكثرة المحاولات بل ويجعلك لا تقف على فشل آخر، مع تكرار المحاولة ستعلم دائمًا أن الفشل ليس هو الخطوة التي توقفك بل هو الدافع الذي يحمل خطوتك للعبور إلى أجمل أوضاع النجاح لديك، الفشل ليس عدوًا لك بل العدو الأصلي هو أن تخرج جميع محاولاتك في الفشل على أنها مُخْطِئَة وأنت الصحيح في رأيك، الفشل يجعلك تفكر جيدًا في عدم الوقوف على الخطأ، الفشل يفتح أبواب النجاح لمن أراد ويقفله لمن ظن أن المستحيل ليس موجودًا .

: :

الإبتسامة

هل الإبتسامة جزء معبر عن قلوبنا ؟

الإبتسامة هي الجزء الذي يجعل الكثير من الناس قريبين منك ويجعلك تصل إلى قلوب الآخرين سريعًا بل و يبني طموح وأمل معك ويجعلك في أعلى مكانة في المجتمع؛ بل و يُزين طريقك نحو الأمل والطموح والدخول إلى قلوب الناس؛ بل هو الجزء الذي يعبر عن أخلاقك وتصرفاتك وشخصيتك الثابتة، لذلك؛ فالإبتسامة جزء كائن يعبر عن ما في داخلك لأن القلب يظهر ما في داخله على وجهك، ولما كانت الإبتسامة جزء عظيم في حياة كل شخص كان إتصال القلوب بعضها ببعض بالابتسامة، فهي الكنز والروح التي يحبها كل الناس ويعظمها ويجعل لها مكانة عظيمة في مجتمعنا، وستجد يومًا أن الإبتسامة تقتل غالبًا نوائب البكاء والإكتئاب؛ أحيانًا تختلف قدرتك وإستطاعتك على عدم الإبتسامة ولكن هناك أناس خلقوا من أجل أن يبتسموا في وجهك ليجعلوا من الدنيا مصدر سعادة وطمأنينة، وكان يقول أحد الحكماء دعنا نقابل بعضنا البعض بإبتسامة، فالإبتسامة هي بداية الحب وهي بداية إستجماع قوانين في حياتك أختلف عليها قلبك، هنا إبتسامة على وجوه أغلب من نعرفهم ولكن أحيانًا هذة الإبتسامة يعقبها حزن شديد لا يستطيع أحد العبور والوصول إليه وتحاول أن تضحك ويختبئ وراها أحزان تتملك في قلبك ولكن أعلم يا صديقي أن الإبتسامة دائمًا وإن أعقبها حزن الإبتسامة سهم يخترق قلب من تريد وأجعل قيمة قلبك هو

بناء الإبتسامة على وجهك ووجوه الآخرين، الإبتسامة هي النور الذي يرسم طريقًا في قلوب الناس وهو الجناح الذي يطيب قلبك ويجعلك تطير في السماء، أحيانًا تتغلب عليك بعض الأمور ولكن الإبتسامة لا تخرج عن مجراها ومبتغاها، فالإبتسامة هي الكيان الذي يرسم ويخطط في قلوب الناس محبتك، ولذلك يقول أحد الحكماء " حاول أن تبتسم وأن تكون سعيدًا فأنت لا تعرف من سيقع في حبك بفضل هذه الإبتسامة "؛ كن دائمًا بشوش الوجه ولا تعبس في قلوب الناس ولا تحاول يوم أن تظهر لهم أسوء ما عندك وكن دائمًا صاحب إبتسامة لائقة وإبتسامة مبهجة و أربط علاقة قلوب دامت لسنوات من أجل هذه الإبتسامة ومن أجل أن تصل يومًا إلى ما تريده وتبتغيه، وكان أحد الحكماء يقول " الناس لا ينظرون إلى ملابسك ما دمت تملك إبتسامة " لذلك لا تجعل إهتمامك الواقع جزء من إحباطك سواء كنت مميز الوجه أم قبيح الوجه، الإبتسامة هي ما ترسم شخصيتك وهي من تجعل الناس لا ينظرون إلى شيء آخر إلا في إبتسامتك، أحيانًا تغلبنا أمور تجبرنا على عدم الإبتسامة، وأحيانًا هناك عوامل توقفنا على تمني الإبتسامة، لذلك عليك دائمًا أن تفكر في أن الإبتسامة جزء عابر في حياتك يزيل عنك هموم ويرفع من قيمتك درجات كبيرة ويجعلك دائمًا في أعلى مقام أمام المجتمع والناس وكلما ذكرك أحد ذكرك بالخير وكلما عاش معك أحد تفاعل بالخير، الإبتسامة كيان يرسم شخصيتك وتوقع على إبتناء قيمتك أمام المجتمع والناس، لا تحسب أن كل الأمور تسير هباء دون رد ولكن أحسب أن من تتبسم في وجهه سيعطيك نفس القيمة التي أعطيتها له وسيبتسم في وجهك ومهما كانت قيمتك في المجتمع ومهما كانت مكانتك ستتنافر الناس من حولك إذا شعروا بأنك كئيب ومهما كانت قيمتك ومكانتك في المجتمع ستجتمع الناس من حولك إذا علموا أنك بشوش

الوجه، الإبتسامة العابرة للقلوب تصنع في غالب أمورها حدث جميل وتبهجك لتلقي الأمور في حياتك على راحة بال ووسع فكر ودوام ثقة تجعلك تتصرف في غالب أمور حياتك بذكاء وافر يجعل من حياتك كيان واسم، لا تحتسب أن الابتسامة شيء صعب؛ الأمر سهل بأن تصل إلى قلوب الناس لكن أنت من تصعبها على نفسك وتجعلها بين الأمور الشاقة شقاء قلبك وتنافر المجتمع من حولك .

الغرور

هل الغرور جزء قاتل في حياتنا ؟

قد يكون الغرور سبب من أسباب تنافر الأشخاص من حولك لأن صاحب الغرور وإن كان طيب النفس إلا أنه يصير على ألسنة الناس متكبر وحقود حتى وإن كنت صاحب سلطة لأنه حتمًا سيوصل إلى أفكار الناس ومعتقداتهم، ذلك لأن الطبيعة البشرية تستنكر كل ما تقبحه النفس وتستقذره من الغرور والتفاخر الغير مرضي، من التكبر الذي يقتل من حولك ويجعلهم عندما تضيق عليك الأرض لا يقترب شخص منهم إليك، لذلك؛ عليك أن تفكر أن الغرور من أكبر السموم التي تأكل في الجسد لأنه سينفر المحبين من حولك ويغير نظرات الناس إلى قلبك، ولذلك يقول أحد الفلاسفة " المغرور كالطائر كلما ارتفع في السماء كلما صغر في أعين الناس " لذلك لا يلهمك الغرور ويأخذك إلى ما لا نهاية له ولا تفكر أن الغرور سيكسبك كثيرًا فمهما كسبك أخسرك أكثر من ما تتوقع وجعل كل من حولك يستقلونك في أعينهم وستصبح ذكرك في المستقل لا قيمة له بين الناس لأنهم لم ولن يذكروك إلا بمساوئ كنت تفعلها ويجعلون منك أطروحة لغسل ألسنتهم بجسدك وغرورك الذي جعلهم ينفرون منك و افتخارك أنك لا أحد مثلك والتباهي بالسلطة عن طريق الغرور الذي جعل منك شخص متكبر في أعين المجتمع وألسنة الناس والبشر، ولذلك لا يتذكر أحد بشرف لأنك قد محوت حياتك في نظرهم، ويقول أحد الحكماء " إياك والغرور فإنه يظهر للناس نقائصك كلها ولا

يخفيها عليهم " لذلك عليك دائمًا أن تترك زمام الأمور تسير في حياتك دون أن يدخل فيها الغرور، السموم تسير في حياتك وتزيد بتزايد الغرور، الغرور يوصلك أحيانًا إلى غاية غير معروفة تجعلك تسير دون أن يلتفت إلى محاسنك أحد، لا تحتسب أن الغرور شيء دائم؛ إنما الغرور أحد السموم في حياتك؛ يجب أن تخرج، أحيانًا سيغلبك أمر فعلته على الغرور وأحيانًا ستعاتبك نفسك على أن تكون مغرورًا ولكن ما يجب عليك فعله هو أن تترك الغرور وكل ما يحيط به في سلة القمامة، تستقذر أحيانًا أن تأخذ منها شيء لأنها أكملتها أشياء متسخة لا يلتفت إليها، لا تعاتب نفسك على شيء مضى فالغرور هو من أمضاه في حياتك، أرسل رسالة إلى قلبك وأجعلها في مواكب تسير بك إلى شيء تفرح به ولا تتفاخر به إلى قوم لتغتر به لأن الغرور سيمحيك في حياتهم وسيقلل من إحترامك عندهم، الغرور مرض خبيث يسير في الجسد حتى يتملك من جميع أعضائك ثم يجعلك إما أن تشعر بالموت أو أن تتمنى الموت، الغرور يصور لك أنك أفضل من أي شخص تقابله، يوصلك إلى مكانة ترتفع بها ثم يجعلك تنزلق من أعلى جبل حتى لا تجد أحدًا ينجدك، الغرور أصعب شيء ستمر به وقراراته دائمًا وإن خدمتك إلا أنها سترسم صورة نجاح في أخره فشل، الغرور وسائله لا تتقدم بالشخص إلى الأمام بل تظهره أمام الناس في صورة ناقصة دائمًا، إذا وقعت يوم قتلوك بكلامهم ولا تجد أحدًا يقف بجوارك، الغرور يجعل كل الناس تسير في إتجاه معاكس لك لأنهم لا يحبون صاحب هذه الصفة لأن المجتمعات بطبعها تنافرها كل الأمور القبيحة، الغرور أسوء الصفات التي يمتلكها شخص، مريض الغرور لا يعلم أن الغرور سيقتل شخصيته أمام الناس ويمحيها بل وسيجعل منها شيء لا يساوي قيمة لا في مجتمع ولا أمام الناس، لذلك تجنب الغرور لأنه أصعب ما ستمر به حياتك وأكبر ثم يقتل

شخصيتك في المجتمع، الغرور وهم يعيش صاحبه فيه بحلم ويتحرك بوسيلة مميتة لا توصلك ولا تتقدم بك إلى الأمام، لذلك لا تكن مثل الزهرة التي لا ثمار فيها تموت وتذبل ولكن لا يعيش لها أمل، لذلك؛ فالغرور أكبر شيء سيء وأكبر التحديات التي يعيش أصحابها في شقاء ومشاكل مع المجتمع، أصحاب الغرور دائمًا لا يرون أنفسهم على خطأ ولا ينظرون في أغلب أمورهم إلى ذنوبهم بل يعتقدون دائمًا أنهم على صواب ورغم تكرر العديد من المشاكل في حياتهم، لذلك؛ احترس من الغرور فإنه أصعب ما سيمر عليك أن تتعايش مع شخص مغرور في الأغلب، هؤلاء تحرق نفسهم في عدم الوصول إلى هدف مميز تتحدث عنه الناس وتكرمه، لذلك لا تحسب أن الغرور يقدمك على أنك صاحب نجاح بل هو ما يقتل منك وسيلة ويقتل من شخصيتك .

::::::::::::::::::::::::: :::::::::::::::

الفراغ

هل الفراغ جزء محبط لحياتنا؟

الفراغ هو الوهم الذي يدوم مع الشخص ويتقلب معه بحسب تقلب الظروف معه، وهو الماء الساخن الذي يلسع الشخص ويجعله محروقًا مع الهموم والإكتئاب، وهو النهر الذي إذا شربت منه لن تمتلئ شهيتك، يوم الفراغ في حياة كل شخص ولكن يختلف بحسب إنشغال الشخص؛ فهو الذي يحملنا كثيرًا على أفعال لم تعجب من حولنا بل وتخلفنا في كثيرٍ من أمور حياتنا وذكرياتنا، الفراغ أكبر مصيبة من الممكن أن تمر عليك في حياتك، لذلك عليك أن تستغلها وتشغل نفسك كثيرًا بما لا يجعل الفراغ يأكل من حياتك ومن جسدك جزء، كن أنت و أعمل في حياتك عن حب وعن كسب حتى لا يشغلك الفراغ ويجعلك تصل إلى مواطن الإحباط لأنه كارثة كبيرة وجزء من حياتك يضيع، ولذلك يقول بعض الحكماء إذا كان الشغل مجهدةٌ فإن الفراغ مفسدة وللفراغ صور سيئة وطموحات فارغة باتت يتبناها الفشل وعدم الإرادة واليأس وعدم القدرة على إتخاذ القرار لأن قاتلات الحياة كثيرون وأول قاتلاتها هو الفراغ؛ لأنه لا ينقلك إلى عالم الإنشغال بل يجعلك تغوص في الأحلام دون تحقيق شيء منها ويجعلك دائمًا تغوص في ظلمات الوهم حتى تدفن أحلامك وحياتك في تراب لا يعلم مكان لها، لذلك عليك بالتفكير دائمًا بالإنشغال؛ وطرق الإنشغال كثيرة، إما أن تكون بالعمل أو بالقراءة أو في قضاء حاجات الناس أو بعمل من أعمال الخير الذي إنشغالها يملكك

ثقة ويحبب فيك كل شخص بت تبصره، لذلك لا تترك أقدارك بين أحضان وأوهام الفراغ لأنه حتمًا سيأتي يوم وتفقد بصيرتك منه ويجعلك تعاني من الإكتئاب وعدم الإنشغال ويكبس عليك الهموم حتى يصل بك الحال إلى فقدان الثقة بكل من حولك ويجعلك لا تسمع إلى أحد منهم وإن كان ينصحك، لا تظن أن إهتمام من حولك بك ليحطموك بل هم قلوبهم مثلك؛ لا تحب الفراغ القاتل ولا يحب أحدهم أن ينظر إليك وأنت مهموم ويشغلك الإكتئاب وتتكون معك صحائف الفراغات والإحباط وعدم المسؤولية التي قد تكون سبب في تعطيل الأخرين من حولك وتزيد من عواقبهم وهمومهم وذكرياتهم، لذلك كن ممزق لصفحات الفراغ و أضرب به عرض الحائط ولا تلتفت إلى عدم الإنشغال لأنه لا سبيل للنجاة إلا بالإنشغال بأشياء قد تكون سبب في بناء شخصيتك إن لم تكن أمام الأخرين فقد تكون أمام نفسك، لذلك لا تستسلم يومًا للفراغ ولا تجعل له سبيل للدخول في حياتك، فالفراغ يحطم ولا يبني ويجعلك تعاني من العديد من أوجاع حياتك التي مرت بك، الفراغ وسيلة قاتلة والإنشغال هو سبل الحياة التي تجعلك تعيش في راحة وعدم مشقة، الفراغ لا يجعل الأوقات في حياتك تمر بل يجعلها تتعثر ويقف أمامها حتى يشعرك بالملل ويرفع عندك الإكتئاب والهموم إلى أقرب وسيلة تدمرك وتقتل جزء من حياتك، الفراغ أصعب ما سيمر عليك وأسهل ما ستخرج منه إذا انشغلت بشيء يفيدك أو يملىء الفراغات التي تركها، لذلك لا تجعل للفراغ مكان في حياتك بل أجعل من مكانته لا شيء ولا تحاول أن تعيش وحيدًا في فراغ بل أجعل حبك للعمل والإنشغال صديق كلما دخل بينكم الملل أغضبتموه وجعلت له مخرج وسبيل للعبور إلى الفرح وقد تزدحم المصائب عندك ولا تجد يومًا ما سيحلها أو وقت لتقوم بحلها ولكن رغم ذلك يتملك الفراغ جزء من حياتك كبير بل يكون

عامل لمصادمة أفكارك وتعطيل حياتك عن التفكير جيدًا في أساسيات دامت في حياتك، الفراغ لا يبني شخص بل يقتل أحلام وطموحات دائمًا لأنه وسيلة مميتة وقوة غير متفهمة في حياة الشخص ومؤثرة في حياة الشخص وفي بعض قرارته وفي بعض الأمور المحسوبة في حياته، الفراغ لا تحسبه صديق مخلص بل هو الصديق السيء الذي يوقفك عند حلم لم يبدأ بعد ويجعل الطريق متوقف بين أن تكمل أو لا تتخذ منه وسيلة للعبور إلى الأمام، الفراغ لا يشغلك ولا يجعلك تفكر في الوقوف وابدأ بنفسك بإنشغالها فكلما انشغلت كلما أبتعد الفراغ عن حياتك وتوقف عند قرار صائب تتخذه لبناء حياة جميلة لك و اكتمال قوانين عظيمة تشعل الإنشغال جزء في حياتك

::

علاقة صديق

الصديق هو الشخصية المكملة لحياتك، الصديق الذي يعرفك ويعرف شخصيتك أكثر من أهلك الذين يعيشون معك، الصديق هو النصف الأخر الذي يزين حياتك ويكمل ذكرياتك، الصديق هو السر الذي تحفظه وهو الروح التي تسير بداخلك، الصديق هو الذي يتوجع بوجعك ويتألم بألمك، الصديق هو الذي إذا نظرت إليه فهمت عباراته وإذا أفتقدته احتجت إلى ذكرياته لأنه هو اليوم الذي يمر بوجوده في حياتك، لذلك عندما تصادق؛ عليك أن تصادق من أن أن ائتمنته على سر حفظه وإذا وقعت أقامك وإذا عانيت من أمر ظل معك وكأنه هو الذي أصيب بذلك، لا تعتقد أن الصديق نقطة في حياتك؛ بالعكس؛ هو الروح التي تسير بداخلك ولا تراها؛ هو الذي إذا وقف أمامك العالم كان معك وإذا أغضبك العالم أفرحك وإذا عانيت من أمر ما كان معك لذلك لا تصاحب ولا تصادق إلا من علمت بوفائه وإخلاصه وصدقه وأخلاقه لأنه سيبذل قصارى جهده ليجعلك سعيدًا طوال الأمد وينير طريق حياتك إلى الأبد، الصديق هو الجوهر التي يستند عليك عند الحاجة ويميل عليك في سؤاله، الصديق هو النور الذي يضيء لك في الظلام، الصديق هو البهجة التي ترسم علي وجهك، الصديق هو الكائن الذي يبني لك أمالك وطموحاتك، الصديق هو من يجعل العلل صحة ويجعل من نفسه دواء لك، الصديق هو الروح التي تسير في جسدك؛ هو الحلم الذي يصبح حقيقة وهو الذي إن كنت في الظلام ظل معك وإن كنت في النور شاركك، الصديق هو البسمة والحياة والطموح والأمل والوفاء والقدرة

وأمين سرك ورفيق دربك، الصديق الذي تخبئ عندك أسراره وتخفي عندك ذكرياته، هو الجنة التي تفتح لك عند الحاجة وهو الكنز الذي يخرج لك في وقت الضيق وفي أوقات أشبه بالظلام، يصبح الصديق سند وطاقة للعبور بأحلامك نحو مستقبل مشرق تعبر معه طموحاتك وأحلامك إلى ما لا يتوقعه عقلك في غالب الأحيان، لذلك عليك أن تختار الصديق العالم خير لك من أن تصاحب صديق جاهل، فالجاهل سيجعلك تتعلم من جهلة والعلم سيسير معك دائمًا على الطريق المستقيم في حياتك، أحيانًا تجمعنا الصداقة بطريق العشرة وأحيانًا تجمعنا فيها دراسة معينة وأحيانًا تجمعنا اليد عن طريق العمل وأحيانًا تجمعنا شوارع ونواصي الطرق، كل منهم له في حياتك وجهة مختلفة قد يصعب عليك يوم تجاهلها، لذلك عليك دائمًا أن تفكر في من تصادق ومن سيتحمل عبئك، لأن الصديق هو من يحملك عند الضيق ويفتح الأبواب الكبيرة أمام قدرتك على الإستمرار، الصديق هو من يعرف قدرتك ويتحمل أسرارك ويعلم طريق تفكيرك ويتحمل أعباء تحاوطك في حياتك وتجتمع روحين ولكن عند الوصول إلى الغاية تكون روح واحدة ما يتغلب عليك في قراراتك يحمله معك وما يخالف دستور حياتك يخالفه معك؛ لا تجعل الأيام تحاوطك بمن كلما حاولت الوقوف أوقعوك معهم ولا تسمح لأحد أن يكون عامل لتدمير صداقتك وأبحث دائمًا عن من يحمل الأعباء عند الحاجة ويتحمل معك قرارات دامت في طريقك وأستمر في أن تجتمع مع من يكون رفيق رحلة ناجحة تتكون معها ذكرياتك ويبني بها أشياء ناجحة في يومك وحياتك ويحملك عند الضيق في وقت تخلي عنك العالم وبعد فيه عنك جميع الناس، لذلك يقول أحد الحكماء الصداقة كالمال اكتسابها أحسن من الحفاظ عليها، لذلك عليك أن تحافظ على اكتسابها لأنها ما ستستمر في حياتك وتقف معك في كل شيء يقف

أمامك وعند فرحك تجدها وعند حزنك تجدها وعند فقدها تعيش في حياة تعيسة لا فرح فيها ولا نور فيها، أجعل الصداقة عنوان لأن صديقك هو من ستجلس معه وفي أي مكان سيذهب معك ويكون رفيق لك في جميع رحلاتك وفي أي وقت ستجد من يعاونك ويأخذ على يدك ليوقفك ويحمل معك كل ما لا تستطيع على حمله

التدخل في ما لا يعنيك

في الغالب والمشهور يتردد على ألسنة الناس مقولة؛ من تدخل في ما لا يعنيه سمع ما لا يرضيه، في غالب الأمور يشغلنا الفضول في التدخل في بعض الامور التي لا ينبغي لنا أن نضع أنفسنا فيها لأن قرارتها أحيانًا تكون محرجة لهذا الشخص وفي الغالب من يشغله الفضول في التدخل في خصوصيات الأخرين؛ يعانون أحيانًا من مرض الفضول المحرج الذي يتسبب أحيانًا في أحرجنا وقتل أفكارنا لذلك لا يجب عليك الشفقة على من تبناه الفضول و أحب التدخل في ما لا يعنيه لأنه في الغالب يحب اكتساب الشهرة وتزعمه مواطن التباهي وأغلبهم دائمًا يعانون من مرض الوحدة المفرطة التي تبحث دائمًا عما يملىء فراغتها التدخل يا عزيز في أمور الأخرين دون الحصول على آذن منهم قد يسبب لك مصاعب في حياتك ستندم عليها بعد وقت و في زمان أشبه بالظلام في حياتك وطموحاتك وأحلامك ووقتها تندم على ما تبلورت به وتدخلت به في ما لا يعنيك لا تأخذك دائمًا نفسك إلى التدخل في حياة الأخرين لأنها سترسلك إلى ما يقتل شخصيتك أمام المجتمع والناس ويدمر به أفكارك وتعدم به طموحاتك وشخصيتك، لا تبحث عن ما يؤذيك لأنه في غالب الأمر سيمحيك وهناك حكمة يرددها كثيرًا من الناس من تدخل في ما لا يعنيه وجد ما لا يرضيه، إياك والتدخل في أمور الأخرين لأنها ليست من إختصاصك ولا من شغلك، الشاغل أحيانًا تجد كثيرًا من الأشخاص يتدخلون في أمور لا علاقة لهم بها وأحيانًا تنهزم أمام أحراجهم وأحيانًا تلومك نفسك في عدم الرد على تدخلهم في حياتك، لا

تستعجب من ذلك فبعض الأشخاص أمراضهم هي التدخل في حسابات لا علاقة لهم بها وأحيانًا يحاول وصولك إلى مراحل عصيبة تجعلك تكرههم وأحيانًا يوقعوك في مشاكل بسبب تدخلاتهم وأحيانًا لا تعجبك طريقتهم، الأفضل هو أن ينظر الشخص إلى حياته قبل أن ينظر إلى حياة الأخرين فَتَرَاك في ما بطن فيك من العيوب خير أي أفضل من ما حجب عنك من حياة الناس وتعاملاتهم والتدخل في حياتهم الخاصة؛ لا تحاول التعمق في قرارات الأشخاص وأحوالهم وأفعالهم ولا تحاول الإفساد عليهم بالتدخل في أمورهم؛ كل شخص ينظر إلى حياته على حسب منظوره لها وتدخلك قد يفسد عليه حياته أو يقطع عليه قراراته التدخل في ما لا يعنيك شيء قبيح مستقذر لا يفعله إلا أناس أصحاب قلوب سوداء امتلىء بداخلها الحقد والحسد و اخترقها المرض حتى كادت تتمنى أن تفسد حياة الأخرين مثلما أفسدت حياتها، لا تحاول الوصول إلى قلوب لا قيمة لك في الدخول فيها ولا تضع نفسك في موضع المتهم الذي دخل في أمر ليس من إختصاصه أو ليس هو جزء منه؛ أحيانًا تحاول أن تدخل رغم أن في دخولك إحراج لك لكن فضولك الشاغل أوصلك إلى أكبر حدود الإحراج وإلى عدم إستعمال المقال في موضعه حتى تعاملك بعض الأشخاص في حقوقهم وكأنهم يعاقبونك ويحاولون إفساد سعادتك، إياك وأن تدخل في أمر ليس من حساباتك أو أن تتعامل بفضولك في معرفة الأشياء التي لا تناسبك وليس لك الحق في الدخول فيها وأبتعد عن أوهام الفضول لأنه في غالب الأمر سيحرجك ويضعك في موقف أكثر إحراج وألم وسيجعلك تعاني الوجع، بسبب ذلك أبتعد وأجعل قرارتك وحياتك لنفسك لأنك ستغضب إذا دخل أحد في حياتك دون وجه حق وكذلك هم سيغضبون عندما تدخل في أمورهم، أبتعد وأعتزل حتي

لا تضع حياتك في وضع محرج تنقلب به عليك موازين الحياة وتختلف مع قرارتها قرارتك

::::::::::::::::::::::::::::::::::::::

الغضب أول وسيلة للزعل

الغضب وسيلة شاقة تخرج الإنسان عن صوابه وتغضب كل من حوله وهي الوسيلة التي قد تبعد أقرب الأقربيين عنك وتجعل من قيمتك عندهم لا شيء وتسقط من شخصيتك أمام نفسك وتسقطها في قلوب الأخرين من حولك، لا تجعل الغضب دائمًا في وجهتك ولا تجعله عامل في حياتك، إذا غضبت لا تظهر لمن حولك غضبك ولا تجعله يتبناك ويقتل من حياتك ذكريات، لا تملك من الغضب وسيلة لأنه لا يستحق شخص أن يغضبك أو أن ينقص من قيمتك أمام المجتمع والناس، الغضب إن تملك منك يقتلك ويجعلك تعيش في عالم وحيد دون أن يقترب منك أحد أو أن يحاول أن يكون وسيلة يوم لنجاتك، إن كان الغضب سيخوف من حولك فأسرع إلى قتله لا تجعل من حياتك مرسال إلى من يحاول التخلص منك عن طريق أغضابك أو أنه يحاول أن يموت أحلام وطموحات بناها الأمل بغضبك أو بجعلك تفقد صوابك دائمًا، لا تجعل الغضب عنوان في حياتك لأنه يقتل قلبك ويفقدك اتزانك وشخصيتك أمام نفسك وأمام المجتمع والناس، أجعل من الغضب تراب تدوس عليه بقدمك لا يتملك في حياتك غضب ولا تحاول التمسك به يوم لأن الغضب يأكل من الجسد ويجعله دائمًا يعيش في ظلام قاتل لا يميز بين الصواب والخطأ ولا يعرف حبيبه من عدوه، لا تجعل من الغضب زريعة لإعطاء المبررات ولكن أستغل أوقات صمتك لمراجعة الأمور الذي أغضبتك والنظر فيها مرة أخرى حتى لا تنظر يوم إلى من حولك فلا تجد حبيب منهم بجوارك، قد يجعلك الغضب يوم تخرج كلام تندم عليه ولكن أعلم أن الشديد ليس من يحمل

الحديد وليس من يغضب إنما الشديد الذي يملك نفسه عند الغضب ويكون الاتزان في قراراته وتجعله دائمًا يتنحى عن الغضب ويجعل منه شخص مستقيم يتدبر الأمور دون أن تغضبه أو أن تأخذ من شخصيته شيء، لا تغضب يومًا لأنه لا يستحق أي شخص مهما كانت درجة قرابته أو حبك له أن تغضب أو أن تتخذ قرارات في أوقات حرجة تجعلك تندم عليها في المستقبل، الغضب سم قاتل يذهب بشخصيتك إلى التراب ويدفنها حتى لا تحي علي صواب أبدًا؛ لا تكن ممن يغضب كثيرًا وأجعل من قيمتك مكانة تحسدك الناس على قراراتك فيها ويتمنى كل شخص يراك أن يكون مثلك أو أن يتلاءم طبعك مع طبعه وشخصيتك مع شخصيته، الغضب لا يأتي بقرار ناجح فكل قراراته تذهب بك إلى قاع البحار وتقتلك الحياة؛ من فيها لا يستحقون أن تغضب فلا تجعل غضبك يفقدك صحتك وقراراتك الناجحة، الغضب وهم يعيش دقائق ويندمك ساعات، الغضب يفقدك التركيز ويحملك على أفعال جنونية دائمًا، فمن يستطيع أن يجعلك غاضبًا أعلم أنه قد أستحوذ عليك وتملك منك، لذلك الغضب أصعب وسائل التحكم وهو الوسيلة الأكثر شقاق بينك وبين أحبابك، لا تجعل الغضب وسيلة للتملك منك ولا تعطي أحدًا فرصة بأن يغضبك أو يجعلك تعيش في نوبة حسرة، الغضب لا يصنع منك رجل بل يقلل من قيمتك، أما الناس من يجعلك تغضب يجعلك تفقد جزء كبير من قيمتك وجزء كبير من تفكيرك بل يجعلك تصل دائمًا إلى حالة عدم اللامبالاة بما هو أمامك، لا تحسب أن الغضب سيصلح لك حال، الغضب دائمًا إما أن يصنع الخوف وإما أن يدمر جزء من حياتك تندم عليه بعد ذلك الغضب

أحزان وراء الإبتسامة

قد نجد شخص يومًا ما يعيش سعيد وتتملك السعادة دائمًا من وجهة ولكن نجده عندما تغلق الأبواب وينفرد بذكرياته، تجد هموم العالم وكأنه لا سبيل له ولا مخرج له من الهموم إلا بأن تزرف دموعه دائمًا، كلنا نبتسم ووراء الإبتسامة هم وهموم تشغلنا وتقتل من طموحاتنا وأحلامنا؛ دائمًا ما كنت أقولها إذا غلبت إبتسامتك أحزانك فأنت شخص مستقيم تملك قرارات تجعلك سعيد في أوقات نعيش بإبتسامة ولكننا نفقدها في أوقات نحن أحوج إلى من يدخل السرور، قد تجدنا نفرح جميع الناس ونفقد وجود الفرح بداخلنا، تتملك من أعصابنا الهموم ويشغلنا نوائب الإكتئاب حتى تكاد قلوبنا تتحطم ويتبنها اليأس إلى أبعد مدى ممكن حتى لا نستطيع أن نخرج إلا إذا وجدنا من يمسك بإيدينا ويحملنا إلى مبني السعادة الدائمة التي فقدتها قلوبنا وشخصيتنا وحياتنا، لا تجعل من الهموم وسيلة لتعتم عليك حياتك وقراراتك و أبتسم و أرسم البهجة في وجوه البشر حتي لا يتملك الإكتئاب منك ويقتل الأمال التي بنيتها، أبتسم حتى وإن شغلتك الهموم فسيأتي عليك يوم تتمنى أن لا تفارق السعادة قلبك أو أن تذهب عن شخصيتك، وستجملك هذه الإبتسامة التي رسمتها وتبنيها وراء قلبك الهموم إلى السعادة المطلقة التي لا تذهب عن قلبك، لا تجعل من الهموم مكانة في حياتك من أجل أن تقتلك وأجعل من السعادة كنز لا يمتلكه إلا من علم كيفية إستخدامه، الأحزان تتوالد وراءها أفرح، والأفراح دائمًا تجعل الإنسان يعيش في سعادة، لا تخرج وقتها الإبتسامة منه إلا من قلب عرف معنى

السعادة وتوالدت منه نوائب الفرح والسرور والبهجة التي في العيون، أحيانا تحكي عن واقع مؤلم رغم أن الوجه يبتسم ولكن عليك يا صديقي أن تعلم أن من يقرأ العين دائمًا يستطع حل العقد التي يشتكي منها القلب ويعالجها بأمور قد تستعجب لها أنت وفي الوقت الذي تملكت منك الهموم تجد من يحمل قلبك إلى بر الأمان دائمًا ويضع قراراتك نحو سعادة لا تنبغي لأحد بعدك، لذلك لا تلتفت إلى ما يوجع قلبك ولا تضع حياتك في موضع يفسد عليك راحتك أحيانًا ستتملك منك نفسك وتجعلك تعيش في واقع مرهق رغم أن الإبتسامة لا تفارقك إلا أنها تحملك دائمًا أن تعيش في واقع متغير تتقلب معه ذكرياتك وتتقلب به عليك مصائبك في الحياة، لا تجعل للأحزان وسيلة لإختراق موازين حياتك وأستمتع دائمًا بالإبتسامة التي تليق بك وبقراراتك، لا إستفادة من حزن يتملك منك ولا خير في حزن سيأكل من حياتك ويجعلك تعيش أصعب أنواع المشاهد الذي تقتلك وتمحي قرارات دامت في حياتك بالفرح، العواقب التي يولدها الحزن أصعب بكثير من أن تواجهها على أرض الواقع وتواجهك لأنك لا تتحرك للإصلاح منها إنما تقف عندك على قدرة ضعفك ومحو الإمكانيات التي تمتلكها، لذلك فالأحزان دائمًا وإن كبر وقوعها في حياتك فإن أقرب وسائل الخروج منها هو معالجة ما تشتكي منه نفسك وتخصصها في ما يجعل حالك أحسن حال وحياتك أحسن حياة، أحيانا ستجعل الأحزان من أيامك شاشة سوداء وأحيانًا ستعبر بك في طريق لا صديق فيه لكن و في وقت لا تتوقعه ستجد كل ما عانت منه نفسك تحسن وكأن شيء لم يكن، لذلك لا تلتفت دائمًا إلى أي قرار سيصعب عليك حياتك ولا تجعل له مكانة في حياتك لأن دخوله ووضع القيمة له سيجعلك تعيش حياة كئيبة تتملك فيها الأحزان من حياتك حتي تجعلك تبتسم لكن قلبك يتألم، وأحيانًا ستكون المواقف أكثر تأثيرًا في

حياتك لعدم وجود سبب للفرار من واقعها وأن هذة الأحزان قد فرضت عليك، لكن أعلم أن كل ما فرض عليك من الأحزان سيأتي وقت وتقول أن الحر في إتخاذ القرار الصائب فيه أحيانًا يبقي أحزانًا وأوجاع وأحيانًا تكون وسيلة أننا نبكي وأحيانًا نقابل أناس نريد أن نحكي لهم عن كل ما في حياتنا ونبكي أمامهم، وأحيانًا نريد أن نحكي للعالم عن الواقع المؤلم الذي نعيشه ولكن قدرتنا تتملك مننا في أوقات الإنفراد وفي الطرق المسدودة أمام الإختيار، لذلك لا تشغل بالك و حياتك، فالأهم هو القرار السليم الذي يصلح من حياتك ويخرجك من نوبة الحزن المستمرة في حياتك وهناك قرارات أتخذتها وخالفتك في أمور كنت تحبها.

مواقف محرجة

في أوقات وفي العديد من أمور حياتنا؛ تشغلنا مواقف أكثر إحراج بل وأكثر خجل في فعلها لوجود أشخاص لا علاقة لهم بمواقفهم التي تؤثر عليهم في مجتمعنا وقد نتعجب أحيانًا من مواقفنا إتجاههم وتتغلب علينا مواطن الإحراج مع أن بعض هذه الأفعال بل أكثرها تكون في منطقة التحضر المجتمعي والعرف الديني الذي تعارف عليه أباءنا ومجتمعاتنا وأجدادنا، لذلك لا تعرض نفسك أحيانًا لمواقف توقعك في حرج قاتل بل أفعل جميع ما تفعله دون أن تقع في إحراج أو تغير من مبادئك ثوابت في مجتمعنا، ولذلك فهناك من يتجاهل العديد من مثل هذه المواقف بداعي التعب وبداعي الغرور وبداعي عدم مراعات فروق السن التي تختلف بينك وبين هذا الشخص، ومن أمثلة ذلك جلوس الشباب جلوس متطاول في وسائل المواصلات مثل مترو الإنفاق فإن مراعات الأشخاص الأكثر ضرر من الثوابت القيمة التي تحمل معاني أخلاقية واسعة في التعامل مع الأكثر سن و ذوي الإحتياجات الخاصة في مجتمعاتنا، لا يضرك شيء إذا فعلت أفعال إنسانية إتجاههم تحملك على إحساسك بالمسؤولية وتجعلك من أصحاب القيم العالية التي تحمل مجتمعاتنا من واقع مؤلم إلى واقع عظيم تعظم فيه الشخصيات وتحترم فيه المبادئ والقيم والشخصيات وتحفظ نفسك من الوقوع في واقع مؤلم ومحرج ينزل من شخصيتك أمام نفسك وأمام المجتمع والناس في غالب الأوقات تشغلك كثيرًا بل وتجعلك صغير أمام نفسك وتنزل من شخصيتك أمام المجتمع والناس، الإحراج أكبر وسيلة تجعلك تتمنى دائمًا أن يكون

باطن الأرض أحب إليك من ظهرها للخروج من هذا الواقع لا تعبث دائمًا وتجعل الإحراج وسيلة و أمنع وسائله دائمًا بأفعال خير تنور حياتك وتعلي من قيمتك أمام نفسك وأمام المجتمع والناس وهي من العادات التي لا تختلف أي ديانة من الديانات على أنها قيم أخلاقية ومبادئ تعلي من قيمة الشخص وتجعله في المجتمع في أفضل حال، لا تجعل الخجل وسيلة عابرة للخروج من مواقف أكثر تأثيرًا في حياتك و أرسم قوانين تحكم شخصيتك وتعلي من قيمتك وتجعلك ناجح في حياتك وتطور من ذاتك بل الخروج من الحرج بالمبادرة بالخير تكون حياة بداخلك وترفع من تطورك في المجتمع وتحسن من قيمتك الأخلاقية أمام نفسك وأمام المجتمع والناس، الإحراج وسيلة مميتة بل وترسلك دائمًا إلى الغضب وتعكر يومك وتحطم شخصيتك وتجعلك تفقد توازنك أحيانًا وإن كنت من أصحاب البرود أو مِنْ مَنْ لا يشغلون أنفسهم بمثل هذه المواقف، فأنت شخص مريض تحتاج دائمًا إلى مصحة للعلاج فيها لأنك في هذه الحالة قد إنعدمت شخصيتك وتنازلت قيمتك و أختل توازنك وثبت إنعدم الإحترام في قراراتك بل ويظهر أنك سيء التعامل مع مَنْ يرافقوك أو أهلك الذين يعيشون معك لأن تعاملك في منزلك هو ما يطبق على الواقع وتتعامل به مع المجتمع والناس، الغضب يُخطئ أصحابه كثير بل لا يجعل لهم قيمة عند مجالسة أصحاب القيمة، لا تحسب دائمًا أن الغضب سيجعلك مستقيم يحبك كل الناس بل العكس وهو أنه سيجعل كل الناس تأخذ عنك أفكار لم يتصوروها منك يوم، الغضب سيشعل نار تحترق في قلبك ولكن الشخص الذي يملك نفسه هو من سيقدر المجتمع صمته ويجعله يفوز دائمًا، لا تحرج نفسك بأن يصمتك أحد وتعامل برفق حتى تكون أنت صاحب الحكمة من يملك في حياته حكمة يتملك بها، الغضب فقد تملك ألة يبحث عنها أناس كثيرة ولا يجدها منهم أحد، الغضب

47

أصعب أنواع المشاهد لأنها تنقل صورة غير الذي توقعتها أنت؛ تجعل الإنسان إما مشرد في المجتمع أو ليس له قيمة ترفع الغضب ألة حادة تقتل صاحبها دائمًا وتأكل جزء من جسده، الغضب صعب على أي شخص لكنه قيم عند بعض الأشخاص في التملك من نفسه وعدم إنجرارها في المصائب .

الملل

أكبر شيء يقتل الإنسان هو الإحساس بالملل، الإحساس بالملل شيء خبيث يأكل من حياتك وتموت معه قوانينك وذكرياتك لا تتصور شيء يجعل يومك فارغ وحياتك مليئة بالصعوبات وبالإختناق وبالشعور بشيء يقتلك أو يهدم طموحاتك وأحلامك، الملل وهم قاتل وعذاب يعيش معك في حياتك، لا تجعل الملل وسيلة لإختناقك وأبحث عن سبل للخروج منه، لا تظن أن مواقفك كلها ستمر وأنت محاط بالملل لأن الملل لا تثمر منه شجرة يوم ما، الملل أصعب ما يمر به الشخص في حياته بل هو الذي يكثر الهموم ويجعلها تتراكم فوق حياتك حتى تكون وسيلة لقتل أفكارك وأحلامك، لا تظن أن الملل له علاج محسوس، الملل علاجه الإنشغال أو الخروج من وضع مرهق إلى وضع يجعلك تعيش في حياة سعيدة أكبر، العقوبات التي تواجهك في حياتك هي عقوبة شعورك بالملل، لذلك أغلب السجناء يتمنون الموت من أجل أن لا يشعرون بالملل، أحيانًا يفتقد الإنسان عنصر الإنشغال بسبب أفكاره التي تشجعه على التكاسل وعدم الإنشغال الذي هو العنصر السائد في الشعور بالملل، لا تحسب أن الملل هو الوسيلة الوحيدة لراحتك، الملل سيجعلك تعاني من أصعب المواقف ويجعلك تعيش في حياة لا قيمة لها بل الشعور بالملل يجعلك أحيانًا تتذكر أغلب المواقف الصعبة في حياتك ويجعلك تعيش أسوء المواقف في حياتك، وكان أحد الحكماء يقول الملل هو الخطيئة الوحيدة التي لا يمكن أن تغتفر والملل أحيانًا يختلف، فالملل ليس فقط بأن تعيش في فراغ فقد يكون حديثك أحيانًا يجعل من حولك يشعر بالملل وقد تكون ألة

أو أداة لتنافر الناس من حولك لشعورهم بالجلوس معك بالملل، أحيانًا تكون أفكارك مختلفة ومللة لا تفيدك بشيء بل وتجعل الأخرين من حولك يتنافر عنك ويحاولون عدم الإقتراب منك لشعورهم المستديم بالملل في الجلوس معك، أحيانًا يكون الملل عنصر من عناصر الإكتئاب وأحيانًا يكون عنصر من عناصر اليأس وأحيانًا يأخذك إلى مكانة بعيدة لا تستطيع الوصول بها إلى مراد أو إلى قرار الملل وسيلة قاتلة في حياة كل شخص وظيفته أنه لم يفعل شيء في حياته مفيد، الملل يا عزيزي هو أن ما تفعله اليوم تفعله غدًا، الملل يا عزيزي هو أن مقرر حياتك لا يتغير والوجوه التي تحاوطك تجعلك تشعر بالملل، أحيانًا يكون هناك أناس في حياتنا من كثرة عدم تغيرها جعلتنا نشعر بالملل وأحيانًا وجودهم أصبح وسيلة وأداة من أجل التغير في حياتك لمجرد أنك ما تصبح عليه تمسي عليه، أحيانًا أنك تغير من حياتك مِنْ أجل مَنْ حوليك أن يكونوا سعداء، لم يكن الملل وسيلة أو أداة لخنقهم وإختناقهم في بحر ظلمات بعيد يجعل حياتك مكتئبة ويصعب عليك أمور حياتك الجميلة، الملل أكبر شعور صادم في حياتك سيجعلك دائمًا تعاني وتتألم، الملل سيجعل منك وسيلة لزيادة هموم الحياة وربط ضغوطها وعدم اتزان يوم و عدم أخذ العبرة في حياتك، الملل شعور صادم يجعلك تكتثشف مصائب في حياتك دون معالجتها، أبتعد عن أي شيء أو وسيلة تقربك إلى الملل لأن كل شيء يثيرك إلى الملل يستحق أن يلعن الملل كله صعب وكل أمر فيه يجعلك تتألم وتعاني من أوجاعه، الملل أصعب المشاهد التي تمر في حياتك دون الإستفادة منها، الملل أصعب أنواع الحياة وأبشعها قوانين، الملل صادمة تعرقل عليك إبتناء مستقبل وتوقفك عند إبتناء أحلام لا قيمة لها بجلوسك، أحيانًا تكرارنا للشيء يجعلك تمل وأحيانًا عدم الإنشغال يجعلك تمل وأحيانًا كلام بعض الناس

الذي لا قيمة له يجعلك تمل وأحيانًا يجلس إنسان لا يفصل لسانه عن الكلام يجعلك تمل وأحيانًا عدم إعطاء معلومة مفيدة والخروج من وضع لوضع يجعلك تشعر بالملل، لا تستسلم للملل لأنه إذا إستسلمت غدر بك و قتلك .

الحياة جميلة

في كثير من الأوقات يشغلني الفضول و أتسأل هل الحياة سيئة أم أن الأشخاص الذين قابلناهم هم من جعلوا الدنيا سوداء في عيوننا، الحياة جميلة لكن من سببوا لنا المصاعب هم من جعلونا ننظر إليها على أنها أمر لا ينصر قلوبنا دائمًا، الحياة جميلة وتجملها كلماتنا التي تعبر إلى قلوب الناس، ولكن الحياة دائمًا تكون بريئة من أفعال السيئيين من حولنا، لا تسب الحياة لأن من عرفناهم هم من جعلوها على ألسنتنا سيئة، الحياة تكون جميلة بكلمات تعبر من قلوبنا تتجمل بها الدينا والحياة وتتزين، لا تجعل قولك بأن الحياة صعبة و أجعلها دستور في حياتك و أكتب و أرسم نجاحات الحياة على قلوب من أساء لها أو من جعل منها عبرة لهدمها وقتل مقتنياتها، الحياة جنة لمن جعل منها جنة؛ وشقاء لمن بحث فيها عن الشقاء الأشخاص الذين حولنا جعلوا من الحياة عبرة لا قيمة لها، لذلك لا تسب الحياة والذين يعيشون فيها وأدفع كل شخص سودها في نظرك وراجع حسابات حياتك للوصول إلى غاية جميلة تبني بها أحلامك وطموحاتك نحو المستقبل، عناوين الحياة معروفة بالأحلام التي تحملها لك والسعادة التي تريد أن تعيش فيها، متعة الحياة أحيانًا تكتمل بل الأغلب تكتمل في نقاء روحك وصفاء نيتك، لا تجعل من الحياة قيمة كبيرة ولا تقلل أيضًا من قيمتها ولا تسبها لأنها لا علاقة لها بقرارات أناس لا قيمة لهم ولا ذنب للحياة بأن تسبها و خُذْ دائمًا من الحياة ما تستفاد منه و أعتبر أن كل ما يفيدك منها قيمة كبيرة تجعلك دائمًا في أفضل المواقف وتجتمع معها أفضل القرارات التي

تتخذها، أحيانًا سيحاولون إظهارها بأبشع صورة ممكنة بل سيجعلونك دائمًا تسبها وتلعن قراراتها، لا تجعل وقتها قيمة تسير وراء كلامهم و أستجمع نفسك إلى أفضل ما تعطيك الحياة و أبحث لنفسك عن طول أمد يعيش معك في حياة سعيدة، الحياة ليست سيئة في نظرك بل هي من تحمل لك سعادة لأن غيرك أعطى للحياة سبلها فوفرت له ما يطلبه، الحياة ليست سيئة وليس كل قرار ستتخذه ضدها ستفوز به إلا إذا وافقت الخير فيها وجعلتها متساوية عندك في حياتك، الحياة جميلة ولكن كلام الأشخاص من حولنا عنها هو ما جعلها تظهر بصورة سيئة ليس فيها نفع لنا وليس لنا فيها إتخاذ قرار يكون في صالح حياتنا، لا تحتسب أن الحياة ستبقى لغيرك دونك أنت، الحياة لا يملكها شخص إلا وكانت لك القدرة على أن تملكها مثله، الحياة جميلة وجمالها في إستخدام وسائل النجاح فيها فلا تجعل لأحد في حياتك مدخل بأن يفسد عليك جمال الحياة وأحسن ما فيها دائمًا، تدبر من الحياة ما تستفاد منه ولا تجعل منها ما يؤلم حياتك ويعطل بعض الأمور الخاصة بك، أحيانًا سيقف أمامك فيها الجهلاء؛ وأحيانًا سيجعلون من صورتها لديك شاشة سوداء ليتمتعوا بالنظر إليك وأنت غير سعيد فيها، لذلك أمضي ولا تلتفت وفكر ولا تجعل لأحد وسيلة بأن يعطل قوانين الحياة التي خلقت من أجل إسعادك وإبتناء قرارات وأشياء تفرحك في حياتك، الحياة جميلة والجميل ما فيها هو أن تعيشها كما أردت أن تجعلك سعيدًا حتى لا تحمل أعباء مستقبل مؤلم أو واقع تعيشه في وجع مستمر، الحياة جمالها عبرة ووجودها عبرة لأخذ أفضل الأشياء فيها وإستحسانها على أنها شيء جميل تكمل معه حياتك وتتبناه نفسك على أنه أقوى من أي شيء، لذلك؛ الحياة جميلة والجميل ما فيها هو أن تملك زمام الأمور فيها وأن ترتب أشياء عظيمة في إتجاهك، لذلك أجعل نفسك طيبة لأنها هي ما

ستحمل السعادة بإخلاص في هذة الحياة وستتبناها حياتك وستتبناها على أنها مَنْ غيرت الواقع الذي تعيشه.

ما خالف قلوبنا

دائمًا تتشاغلنا وجوه كاذبة، أحيانًا تكون مرسومة على وجه كل شخص منَّا، ترسم واقع يختلف دائمًا مع الواقع الذي يعيشه قلبه، أحيانًا تملكنا إبتسامة وراءها وجع وألم و إحباط وملل يشغلنا ويدمر به حياتنا وذكرياتنا وأحلامنا، أحيانًا يشغلنا الألم في أوقات إنفرادنا بها، دائمًا الأوجاع التي عانيت منها هي نتيجة وجود أشخاص إنعدمت ثقتنا بهم وسببوا لنا مصاعب وأوجاع وإن لم تظهر أمام أعينهم إلا أنها في أوقات إنفرد بها قلبنا تجد دموعنا قد تتساقط وقلوبنا تتألم وتحترق من شدة الأوجاع التي مررنا بها، أحزانك لا يدويها إلا نفسك ولن يقتلها إلا من أسعد قلبك، أوجاع القلوب تداويها الأيام والذكريات الجميلة لا تجعل الألم يتملك من جسدك والإبتسامة التي يتبعها ألم أعلم أنها ستأتي بعدها إبتسامة تمحي كل الألم الذي عشته وتمادت في جسدك حتى كادت أن تقتلك وتدمر طموحاتك وأحلامك، لا تكن ممن جعلته الهموم بين طريق اليأس والإنتحار ولا تجعلها تتملك من جسدك وتقتلك، لا أحد يستحق دمعة عينك ولا أحد يستحق أن تغضب لأجله، كل من جعلك تعيش في أوقات فراغك ألم بالطبع لن ينعم في أوقات إنشغاله، لا تحسب أن من أغضبك سينعم بل ستجعله دموعك يعيش ألم الواقع حتى تبصر، أنك أسعد الناس وأفضلهم، لا تجعل دائمًا الأمور التي لا قيمة لها تسيطر علي قلبك أو تجعلك تعيش ألم الوحدة وعدم الإستقرار في حياتك، لا تجعل حياتك مضطربة بين الإبتسامة في وجه الأخرين وأمام نفسك تبكيك أقدارك الحياة وإن ابتسمت دائمًا؛ حتمًا ستعيق أمور كنت تحسبها

أنها من دواعي سرورك، لذلك دائمًا لا تجعل ما خالف قلبك مستمر ليكون عائق أمام حياتك، كل ما أحزنك وإنفردت به ذكرياتك حتمًا سيزول، لكن لا تجعل الفرح عنوانك والحزن يسكن بجوارك، الحياة جنة لك ابتغي منها الإبتسامة التي تسعدك وتفرح قلبك، كل ما خالفه وكل من عاقك عقه حتى تصل إلى سعادة ليس ذو وجهين بل هي وجه واحد يحمل معاني حياتك إلى أبعد مدى ممكن، لذلك عليك دائمًا أن كل ما اختلف في حياتك و اختلفت معه ذكرياتك بين الفرح والحزن أن تمحي ولا يوجد مكان يؤلمك أو أن أحد يحاول أن يسلب منك الإبتسامة ويحزنك، قراراتك الواقعية هي من تجعلك سعيد دائمًا وحياتك التي تملكها لا تستحق أن يغضبها من لا يستحق أن تحزن من أجله، الفرح وإن كان يرسم دائمًا على وجهك إلا أن العقبات التي تتولد منه أصعب و أقوي تحدي ممكن أن يقتلك أو أن يدمر أحلامك وذكرياتك حول بناء واقع سعيد يعيش معك طوال الدهر والأمد، لا تحسب أن ما دخل حياتك من حزن سيستمر إنما هو ضيف يمر عليك في أوقات ويذهب عنك طوال الدهر، الحياة وفرحك فيها وجهان متفقان لا يجب أن تخالفهما بحزنك حتى لا تعيش حياة أكثر ألمًا، وهناك أوجاع تتخالف مع حياتك وتقتل طموحاتك وتجعلك في نوائب البكاء و ساكن بين أحضان المجتمع والناس تائه، قوانين الحياة وإن اختلفت إلا أن بقاءك على الفرح جنة تمتلكها وغاية لا سبيل في الإستغناء عنها، أبواب الفرح وإن أغلقت أمام نفسك إلا أنها ستفتح في ساعة تتمنى وقتها أن لا تذهب عنك؛ لا تحتسب.

:::

التوتر النفسي بين الإختيار والجبر

في العديد من أمور حياتنا تختلف قرارات حياتنا بين أفعل أو لا تفعل وهذا هو العامل الذي يجعلك أنت كشخص متوترًا ويمتلكه القلق وهذا العامل الذي يجعل الشخص فاقدًا الاتزان النفسي ومنعدم الثقة وهذا الذي يجعلك أنت كشخص دائم التفكير وقليل الفهم ويجعلك لا تستطيع أن تكون ناجح في أخذ بعض القرارات التي ترفع من قيمتك وشخصيتك أمام الناس والمجتمع ويجعلك غير مستجمع لطموحاتك وغير متقن لقرارات وشخصيات كانت تريد الوثوق بك، عدم الاتزان يجعل الجميع ينظر إليك على أنك لا يجب أن تؤتمن، ومن أسباب التوتر الذي نعيشه في حياتنا أن كل شخص يشغل نفسه بالتفكير في العديد من الأمور المجهولة التي لا نفع فيها في حياتنا، لذلك ستجد كل شخص يشغله تفاهات الواقع متوتر وغير متزن دائمًا في قراراته وهناك العديد من العوامل التي تجعل الشخص صاحب قرارات صائبة وصاحب طموحات كبيرة وهو عدم التفكير الكثير في أمور لا تستفاد منها أو عدم إنشغالك بتفاهات الواقع وعدم التدخل في أمور لا قيمة لها في حياتك حتآ لا تصل إلى حالة تموت بها شخصيتك وتنعدم بها قَراراتك حتى لا تُوجه إليك الكلمة في أمر لأنك قد أصبحت غير متزن في حياتك وقرارتك وقوفك أمام نفسك وعدم التدخل في أمور لا تشغلك هو ما سيجعلك متزن بين الناس حتى يلجأ إليك الناس في الأخذ بكلامك لأنك تملك دائمًا قرارات تفيد وتتسم مع معاير المجتمع وأساليبه، التوتر لا يصنع منك إنسان واثق في من حوله، التوتر دائما يسحبك على القلق والخوف وعدم الثقة

بالنفس، التوتر يحبط أحيانًا قراراتك ويجعل من حياتك شماعة يعلق عليها كل ما هو مستهلك قبيح وكل المصائب وقتها تنفرد بك، التوتر هو الآلة الحادة التي تقتلك، لا تحسب أن التوتر والقلق يصنعان منك شخصية أو شخص يثق في جميع الناس، التوتر يقتل أحلام وطموحات دامت في حياتك و ابتني معها أسلوبك وقراراتك، لا تحسب أن القلق سيشعرك يومًا بالطمأنينة ولكن القلب سيجعلك دائمًا لا تثق في أقرب الأقربين إليك، أصعب المشاهد ستمر بها دون جدوى ودون ما تعرف حلولًا لها لأن التوتر أصعب ما يشتت أفكارك ويعطل أشياء كثيرة دامت في حياتك، أحيانًا سيحاول أحد الناس أن يدخل إليك من طريق الشقاق حتى يجعلك تفكر كثيرًا ويتشتت ذهنك في إتخاذ القرار الذي يحل لك كثيرًا من الأمور في حياتك، لذلك يا صديقي يجب أن تعلم أن القلق أول أسباب الهزيمة في حياتك وهو الذي سيحمل الهزيمة في طريقك لأنك وقتها سيصعب عليك إتخاذ قرار لصالحك، التوتر أمر صعب والأصعب أنك لا تستطع أن تجد حل صائب يرتب لك حياتك، التوتر يفقدك أشياء كبيرة في حياتك بل يجعلك تعاني من عدم الإستقرار ويضع الشك موضع كبير بل في الأغلب لا يجعلك تحسن ما تفعله، لذلك؛ فالتوتر مرض خبيث يجعل حياتك غير مستقرة ويجعل جميع أمورك في موضع التهديد وعدم الإرتياح، التوتر وسيلة مميتة وعنوان لا يجب أن تقف عليه لأنه يهدد إستقرار حياتك ويعطل أبواب ستفتح في إتجاهك لا تلتفت ولا تجعل للقلق مدخل في حياتك لأنه هزيمة بكل المقاييس بل هو الطريق المغلق الذي سيجعل العديد من الأشخاص تفقد الثقة في شخصيتك لأنها غير ثابتة على قرار وأفعالها بالنسبة إليهم متغيرة، والتوتر يدوم معك إذا ظللت ثابت عليه، بل هو الوصيلة الذي إذا بقى دوامها جعلتك وحيدًا لا يقترب منك أحد ولا يثق فيك أحد، القلق أصعب أنواع المشاهد المؤثرة

والمميتة الذي إذا استمرت في حياتك قتلت جزء فيك وجعلتك تعيش بدون ثقة وبدون قرار وبدون أن تجد أحد بجوارك، لذلك لا تجد شخص وضع القلق في طريقه وجعل عقلة ثانية لا يفكر، القلق يداومك على التفكير الذي يرعبك من نفسك ويقتل جزء بداخلك ويعدم حياتك ويحكم عليها بقتلها في الوهم

عقل المرأة

كثير من الناس يتجاهلون المرأة لقلة تفاهمه معها، ولكن أحب أن أخبرك يا صديقي أن عقل المرأة في قلبها، المرأة هي الكنز الذي يحمل دائمًا معاني جميلة تنور حياة الشخص على حسب معرفته بها، دائمًا يشتكي المرء لقلة فهمه بالمرأة ولقلة تعامله معها، المرأة هي أسلوب الحياة التي يجب أن تتعامل معه برفق ولين وتواضع، النساء تحب أن يكون الرجل على أي حال له؛ سعيد بوجوده معها، المرأة هي الثمرة التي تنبت في حياتك شجرة سعيدة تظللك وترعي معك خير ثمارها، لا تحسب أن تعاملك بالغشم معهم هو ما سيكتسب لك ثقة في وجودهم بجوارك، المرأة قلب رقيق تحب الكلام الطيب ولا تستحسن من الحديث إلا الطيب، الحياة تكتمل بوجودها وحتى يعيش أدم في سرور أعطاه الله رفيقة دربه لتكون مصدر سعادة له ويكون مصدر سعادة لها، لا تحسبها خادمة تستعملها وقتَمَا تشاء؛ لأنها ليست كذلك، المرأة هي التي تحملها من واقع مؤلم وتجعلها أسعد إنسانة في العالم، المرأة إذا اختلفت عليك مرة لا يمكن أن تعدل ثقتها بك أبدًا حتى وإن كنت أطيب الناس لأنها صاحبة قلب يشعر ولا يجرح ولا يحب أن يتألم من أقل شيء، المرأة هي العنوان المرسوم على أوجه المستقبل فإن أعددتها أعددت شعب طيب الأعراق، المرأة هي الهدف الذي يرسم تاريخ وقانون ينظم حياتك ويكمل ذكرياتك، لذلك يقول أحد الحكماء لا يوجد جوهرة في العالم أكثر قيمة من المرأة؛ تنزه نفسها عن ما يعيبها، فالمرأة التي أنت تستهون بها هي من تحمل الحب الجميل لبناء أجيال واعية تحفظ لك، بها قوانين

يتعايش معها المجتمع ويسير عليها الناس في تعاملاتهم؛ لا تحسب يوم أن المرأة لا قيمة لها في حياتك لأنها هي من زينت البيوت بعبارتها وأكملت وجهتها لبناء شخصية عظيم تسير بها وراء المستقبل، المرأة كيان و ثقة و وفاء إن أعددته أعددت مجتمع يتناسق مع العادات والتقليد، المرأة تحفظ القانون العملي أكثر من الرجل لأنها تتحمل مرار الأيام من أجل أن تحفظ لك وفاء دام في حياتك وجوده وتبني على تعبها إستقرار أسر تتمنى أن تكون كيان أمام المجتمع والناس، المرأة هي السر المدفون في أعماق قلبك ومتلائم مع مكانتك وشخصيتك أمام الناس، ستجد الوفاء من المرأة إذا وفرت لها الوفاء وستجد إخلاصها لك إذا اخلصت أنت لها، أحيانًا تنفرد بنا مشاكل وهموم ولكن قرب المرأة منك يجعلها كأن كل شيء لم يكن، لذلك يا صديقي أعلم أن المرأة إذا أعددت لها قيمتها حفظتك وإذا أنزلت من قدرها عذبتك، المرأة لا تأتي عواقبها إلا على من جاء عليها، لذلك؛ إذا أردت أن تعلم قيمة المرأة فقيمها في مجتمعك وأمام شخصيتك، المرأة لا تنتظر منك معروف ولا تنتظر منك أن تقول لها كلمة شكرًا، المرأة تنتظر منك أن تخلص لها وأن تحمل الوفاء إلى قلبها، لا يحسب أنك الوحيد الذي تتعب بجمع المال ولكن المرأة تتعب بضعف جسدها وقلة حيلتها والتعب في منزلها، المرأة كيان إذا أحتفظت به كأن كل شيء في دنياك سهلًا إاذا عاقبتها عاقبتك أمور الحياة مع عواقبها، المرأة لا تنتظر إلا وفاء ولا تحسب منك إلا خيرا لذلك ابني لها طموحات وأحلام وأكمل معها فراغات لا يستطيع أحدًا ان يملأها إلا هي لأنها الكيان الذي يحقق أهداف أسرتك وتتكون مع قرارتها أسر ناجحة لا تفكر دائمًا إلا في التقدم الكبير الذي يحمل معاني القيمة ومعاني الإرادة والوفاء والإخلاص، عقل المرأة وإن كان ينقصه بعض الأشياء إلا أنه عقل عاشق يعلم متى يعطيك أفضل ما

تحب في أوقات تغفل عن ذكراك، فيها أشياء تحبها ولكن بوجودها تأتي هذه الأشياء على وجه تتمنى فيه أن تقدم شيء لهذه المرأة أعلم أن المرأة عزيزة النفس طيبة الخاطر وإن ما يقيمها هي الكلمة الجميلة التي تحمل معنى الوفاء والمودة، المرأة عظيمة في نظر المجتمع وقيمتها تأتي في حفظ مكانتها عندك وإستعمال فرصتها في حياتك وإستخدام خبراتها في تطوير حياة أسرتك وبناء قيمتها في المجتمع

حب العمل

هل العمل هو الجزء الناجح الذي يجعل الحياة متكاملة؟، العمل هو الوسيلة الأكبر في حياة كل شخص من أجل أن يعيش، ولكن أحيانًا يختلف مقصوده بالنسبة لكل شخص منّا، فأحيانًا يكون وسيلة لسعادة الإنسان وإكتمال حياته وتكوين أسرته، وأحيانًا يستخدمه الإنسان للخروج من واقع مؤلم يعيشه في حياته، العمل هو الدستور المكتمل في حياة كل شخص وهو القانون الذي يحكمك على أشياء تتكون بها ذكريات جميلة وسيرة سعيدة، للعمل صداقة تحكمك؛ قد تحسن أنت في غالب الأمر التعامل معها وقد تسيء إلى وظيفتك وتحبط بها كل من يقترب منك، أحيانًا تحكمنا قوانين العمل بقرارات تجعلنا نعود إلى بيوتنا مكتئبيين وأحيانًا نقابل أشخاص تكرهك في العمل وتكرهك في حياتك كلها ولكن رغبتك في بناء المستقبل لأولادك هي التي تكون الرغبة في الإستمرار، أحيانًا تدخل في حالة من الملل لأن ليس هناك جديد في قانون العمل ولكن الإرادة التي تحكمك تجعلك تتحمل مصاعبها، الخوف أحيانًا يتملك منك؛ من فقدان التوازن في الحياة؛ فبسبب ذلك تتملك فيك الرغبة في الإستمرار لبناء المستقبل الذي تعيش به سعيد، إياك أن يجعلك أي شخص عاملًا من عوامل وضع العيوب في العمل من أجل التكاسل وإياك أن تجعل أي شيء عائقًا لك فتقرر عدم إستكمال العمل، أحيانًا ستشعر بقرارات في العمل أصحابها أغبياء وأنها لا تصلح للعمل بها ولكن إصرارك على البناء تجعلك تتحمل قرارات أعباءهم، لذلك لا تستسلم لأي شيء يحاول أن يوقفك و حب ما تعمل حتى تصل بِحُبك

للعمل إلى بر الأمان، العمل هو الجزء الكبير الذي تحقق به أحلامك، العمل هو الكيان الذي تتبناه مسؤوليتك وتتبناه قراراتك التي تحكمها، العمل هو الجزء السائد والصداقة المستمرة والصديق الوفي الذي تعطيه يعطيك والذي تحبه فيحبك، العمل هو الطموح الذس يكتمل عندك وهو الروح التي تسير في جسدك، يحكمك أحيانًا أخطائه ولكن محاسنه تبلغ الأفق في إختيارك بِحُبِّهَا، العمل يجعلك سعيد ببناء المستقبل، العمل هو الجزء الذي يكبر حياتك ويجعلك سعيدًا دائمًا، وكان أحد الحكماء يقول " ستعشق ضغط العمل عندما تجرب ملل البطالة " العمل وإن كان فيه مشقة إلا أنه جزء بيعبر من حياتك ليجعل من أبناءك قيمة وقامة، العمل هو القيمة التي تملكها، لكي لا تشعر بالملل إياك يومًا يا صديقي والتكاسل عن العمل لأن العمل هو الفن الذي إذا أتقنه كل شخص منَّا سعد وهو يفعله، إياك أن تعيش في أجواء البطالة وأشغل يومك بعمل يحكم ذكريات حياتك ويبني مستقبل باهرًا لحياة مشرقة تتجمع بها أسرة وتكتمل، العمل قانون إذا أتقنته وأعطيته أعطاك وإذا أفسدته سود عليك حياتك ومبتغاك، العمل هو الكنز الذي يسبب فقدانه مشقة ووجوده يجعلك سعيد، إياك وأن تتكاسل أو أن تخلق الأعذار من أجل البطالة حتى لا يصفك المجتمع والناس بالرجل العاطل وحتى لا يضعك قرارات الناس وسط الفاشلين وأصحاب السوء، العمل يحتفظ بمكانة لك بعيدًا عن مد الإيد، فالعمل يجعلك شريف؛ ما يأتي في يدك تطلع عليه حياتك وتقيمه في ما يستفاد له، العمل كلما كان أصعب كلما أحسست بطعم أمواله، العمل هو ما يحدد قيمتك ويعلي من مكانتك، من السهل أن تأجل أي شيء إلى الغد لكن من الصعب في حياتك أن تأجل العمل إلى الغد، أصعب الأمور في حياتك وهو أن تخترق قوانين العمل وتهدر قراراتها، العمل إن أعطيته أعطاك وإن أخترقت حبه لن يعطيك ما تريد، العمل

أصعب من أن تواجه تحديات الحياة وأنت فاشل، العمل يحتاج دائمًا إلى من ينجحون فيه ويعطونه وفاء لا يعطونه لأحد، إياك وأن تقتل قوانين العمل أو أن تظلم بها أحد وإياك وقبل أن تفكر في العمل أن تضع نفسك في موقف لا يستحق أن تكون فيه وإياك أن تتبع أمور تدمر حياة، العمل كيان وحفظ الكيان يتحدد في إخلاصك له وترتيب مكانته في حياتك، العمل جهد والجهد وإن كان كبيرًا إلا إنه يحملك على تحقيق جميع أهداف حياتك ويجعل لها قيمة بين الناس والمجتمع

الفقر

أحيانًا تحكم علينا قرارات ليس لنا علاقة بها وأحيانا يحكمك القدر بأنك تولدت في أسرة حالتها المادية صعبة، ولكن دائمًا يا صديقي أذكرك بأن أحيانًا الفقر يجعلك صاحب كرامة ومبادئ عليا وكبيرة، وإن كان الفقر يشغلك أحيانًا بتكاثر الهموم من حولك وبزيادة الأعباء التي تحاوطك إلا أنه يجعلك إنسان صاحب كرامة وأخلاق عالية، أحيانًا نفوسنا تتوقع لنا أشياء صعبة في حياتنا وتحاول أن تسود الحياة في وجه كل شخص يعاني وتحاول أن تسحبك في طريق بعيد جدًا حتى تحاول أن تشغلك عن المقصود الذي تستثمره في بناء أسرة جميلة والذي يجعلك أحيانًا منزعج عن الخروج من حالة الفقر إلى حالة المسكين، وأحيانًا نظرات الناس لك تحسسك أنك ضعيف وأنك غير قادر ومحتاج؛ وهذا العامل الذي يجعلك ترغب في أن تموت ألف مرة، وأحيانًا نختلف على نظرات الناس وأحيانًا الناس نظرتها تخيب أمالنا في الحياة، أحيانا تكن محتاجًا وكرامتك تهون عليك بالمستحيل، ولكن الذي أحب أن أقوله لك يا صديقي أن تغني بكرامتك التي تقول لك دائمًا " لا "، وأحيانًا يا صديقي تصعب عليك نفسك و تتمنى أشياء وتجازف حتى تصبح جزء في حياتك لكن الظروف تنقلك إلى المستحيل الذي لن تستطع تحقيقه، الفقر عامل من عوامل الحياة يختلف بإختلاف مقصود الحياة وتوازنها و نكن إحنا بنظراتنا الثاقبة نقدر أن نهين الأشخاص ونقدر أن نموت أحلامهم بسبب فقرهم، ليس عيبًا أن تتعب؛ ليس عيبًا أن يصبح ابن الفقير دكتورًا؛ ليس عيبًا أن تتزوج بنت فقيرة حكمت عليها ظروف الحياة بأنها تصبح

هكذا ولكن العيب يا صديقي أنك تنظر لهم وكأنهم لا قيمة لهم في المجتمع، الفقير دائمًا يملك صفة من صفات الكرم و تكون عامل من عوامل حياته لأنه في غالب أمره يتخيل أنه في هذا الموقف وأحيانًا يعاني ويتألم من وجع الحياة وقراراتها ولكن الثوابت التي تشغله للإنفاق على أسرة متكاملة هي التي تجعله يكمل ويبني طموح وأمل وحياة لكي يخرج من واقع مرهق إلى واقع عظيم يكتمل معه شخصيته ويبني حياة مستقرة كلها أمال، خلقنا الله طبقات؛ نكمل بعضنا البعض وأحيانًا ينقصنا عوامل يكملها الأشخاص الذين يعانون من الفقر، وأحيانًا نصبح في مهب الريح للفقير لقضاء أغلب أمور حياتنا التي نحاول أن نجعلها مستقرة دائمًا وأبدًا، لا تحاول العبث بالفقير أو إهانته لأن نفسه غالية عليه إلى أبعد مدى ممكن لدرجة أنه يتمنى الموت ولا تهان كرامته، أحيانًا هناك أشخاص في حياتنا تدعي الفقر للهروب من مصاريف الحياة أو الهروب من كلام الناس وحديثهم في المجتمع وأحيانًا الإنسان يصبح في حياته شيء لا يقدر أن يفعله أو يخِلصه إلا الشخص الفقير ، لذلك في حياتك الفقير إن لم تستطع مساعدته فلا تحقر على من يساعده ولا تقترب منه لأن الفقير صاحب عزة وكرامة، دائمًا يموت ويتمنى الموت أفضل من أن تهان كرامته أو تعدم شخصيته، الفقير له حق مكفول في مجتمعاتنا وله حقوق مشروعة كفلها المجتمع والأديان من أجل أن تجعله في مكانة يستحقها، فرحة الفقير دائمًا يصبح لها طعم في الحياة وهي التي تجعلك عائشًا سعيدًا، بل الأجمل من كل هذا دعوته؛ هي التي تقلب موازين الكون لكي تعدل لصالحك، لذلك؛ إياك وإهانة الفقير لأنه يتصل بعلاقة مع ربه ويتصل بعلاقة مع قلوب العديد من الأشخاص، والمجتمع يكفل له حق ومشروعية في أنه ابن الوطن والوطن كفيل به، لا تحاول في ساعة أو في دقيقة النظر إليه

نظرة قاتلة لأنه لا يستحق ذلك وأحيانًا هناك أناس يدعون الفقر لمصالحهم الشخصية والذين يريدون بها تكافل حقوق فوق حقوقهم وهذا الذي يجعل العديد من الناس ينتقدها على أنها شيء سيء وأن أصحابها مستقذرين ويبدأ بالحكم على الشخصيات كلها أنها خطأ وأن كل الفقراء يملكون ما لا يملكه .

الغربة

أحيانًا يشغل الإنسان الإبتعاد عن وطنه والاغتراب من أجل العيش في حياة مستقرة يتغلب بها على هموم الحياة وعوائدها التي لا تنتهي وأحيانًا يفضل الابتعاد والمشقة ويبلغ من المعاناة ما يبلغه من أجل الوصول إلى غايته ومبتغاه، أحيانًا الغربة تتحكم في قراراتنا، فالإنسان في الغربة عبارة عن شخص وحيد لا يرى نفسه متميز مثل أصحابه، وأحيانًا يتحمل أصعب المهام على جسده من أجل إبتناء حياة تريحه في حياته ويتكون منها ثروة وتتجمع معه قرارات أغلبها صائبة، ولكن الغربة يا صديقي ستجعلك وحيدًا دائمًا ليس لك ما تملكه بل ستعاني من بكاء الوحدة وستتغلب عليك مشقة السفر، الغربة أحيانًا تفيد الإنسان وأحيانًا تؤلمه وأحيانًا تكون في صالحك وأحيانًا تختلف مع قراراتك، كان يقول أحد الحكماء " ليست الغربة فقط مغادرة الوطن بل هي أيضا مغادرة أوطان صغيرة من حياتنا كقلوب من تحب "، الغربة أحيانًا تجعلك تفقد أقرب الأقربين، الغربة أحيانًا تجعل التساقط في عين المجتمع عندك كبيرة، الغربة أحيانًا تفقدك أقرب الأقربين دون الرجوع لتوديع كلماتهم إتجاهك، الغربة قد تحكمها فوائد كبيرة لكن عواقبها أكبر من فوائدها، أحيانًا تتغلب علينا ظروف الحياة وتقتل أحيانا نفوسنا وتحفر قاع في التراب وتدفننا في وسط المجتمع ويلجأ الإنسان إلى الاغتراب عن وطنه وهناك من يغترب من أجل أن يحاول إيقاظ حياة من حوله وهناك من يغترب من أجل ترك كل من أحبوه في الحياة، هناك من يفضل عدم العودة وهناك من فضل العودة على الاغتراب، الأول أملأه الشغف بإسعاد الأخرين من حوله وهناك من أملأه الشغف بمشقة قلوبهم، أحيانًا تحكمنا الغربة بالإنشغال وأحيانًا تعاقبنا قراراتها بالنسيان

وأحيانًا نفقد أغلى ما نحب من أجل البقاء في مناصب القوة، لا تجعل الغربة شغل شاغل في حياتك حتى لا تجعلك جزء منها وتجعلك يومًا تعود إلى وطنك على أنك مغترب، لا تجعل الغربة تنسيك أحب الناس إلى قلبك ولا تجعلها تهبط بك إلى قاع لا تستطيع الخروج منه، أحيانًا تضغط الظروف علينا وتضطر نفوسنا إلى الغربة وترك ما نحب حتى نحسن من أوضاعنا وأحيانًا يفقد أحد منا أحب الناس إلى قلبه ولا يستطيع العودة لتوديع أخر اللحظات التي تجمعهم هناك من عبرة به الغربة في قاع البحار فأغرقته وهناك من حملته على قارب رغم بعد المسافة لكنها أيقنته بأنه سيصل يوم إلى وطنه، أحيانًا تتغلب علينا مشقة الغربة وأحيانًا نقابل أناس عندها شفقة أنك في غربة وأحيانًا نقابل أناس تعاملك معاملة لا تليق بك، أحيانًا تتحمل مصاعب الكلام من أجل البقاء وأحيانًا تفعل أفعال لا تليق بشخصيتك من أجل أن لا ترجع إلى ما عانيت منه، قد تكون في حضن والدتك وتكون مغترب وقد تكون في أحضان غرباء وتعيش سعيدًا، أحيانًا تحكم عليك الغربة بوحدتها وتجعلك في مهب الريح حتى وإن كنت في وطنك وأحيانًا تجعلك تعيش في جمال حتى وإن كنت خارج وطنك، أحيانًا لا تشعر بالغربة لأنك تجد من يشبهك وأحيانا تشعر بأصعب اللحظات لديك لأنك أحسست بمرار الغربة ومشقتها، لا تتعب نفسك في الاغتراب إلا إذا أيقنت أن الشوق سيعود بك إلى أحبابك؛ ولا تجعل الغربة عامل من عوامل نسيان أحب الناس إليك والحكمة دائمًا ضلة كل شخص، فالغربة تقتل فيك أشياء لا تدري بموتها إلا حين تعود إلى وطنك، الغربة أصعب أنواع الوحدة تأثيرًا على حياتك، الغربة تجعلك دائمًا تشعر بأمور مختلفة في حياتك بل ستجعلك تشتاق إلى العودة إلى وطنك كل دقيقة وكل ساعة، لا تجعل الغربة شغلك الشاغل بل أجعلها في مهب الريح؛ أن أتت كانت لك خير وإن لم تأتي

فهي ليست اعتمادي وحياتي، لذلك؛ الغربة أحيانًا تؤلمك وأحيانًا تكون وسيلة لإيقاظك وبناء أحلامك.

الخذلان

أصعب المشاهد التي ستمر عليك في حياتك وهي أن تثق في أحد وتبذل كل جهدك من أجل إرضائه وتجعل له مكانة في حياتك وتثق فيه لدرجة أن تضع نفسك في المواقف المحرجة من أجل إرضائه وتبذل إخلاصك ووفائك من أجل إسعاده ثم تأتي في حياتك كارثة الخذلان والترك في منتصف الطريق وحدك دون أن ينصفك أحد أو أن يشفق عليك، الخذلان أصعب أنواع العذاب في حياة أي شخص، الخذلان هو العذاب الذي يقتل أحلام وطموحات دامت ويعذب نفوس وقلوب عشقت وأوفت، الخذلان يجعلك في موقف محرج مفضوح أمام الناس بعينك ومفضوح بتعبيرات وجهك، الخذلان هو القتل المؤلم الذي يقتلك به أحد الأشخاص في وقت أنت أحوج إليه بأن يقف بجوارك ليس أن يقتل أحلامك ويدمرها، الخذلان عذاب يوجع قلوب ويؤلمها، الخذلان أصعب موقف سيمر عليك في حياتك وأصعب المشاهد التي ستواجهها في حياتك، الخذلان هو أصعب المشاهد والصورة القاتلة لأن أصحابه لم يعلموا يوم معنى الوفاء، كثيرًا جدًا ما نمر ببعض الأشخاص الذين مرت معهم أيامنا وأوقاتنا وبذلنا كل جهدنا في الوفاء لهم ويأتي لنا وقتها الصدام الأصعب والكارثة الكبرى في حياة كل شخص منا وهو الخذلان وعدم إستحقاق الشكر وعدم الوقوف بجوارك، ستمر أمور في حياتك تعلمك أن للوفاء قيمة وأن قيمة هؤلاء الأشخاص قد ذهبت، فإذا أحبوا الرجوع لا تفتح لهم النافذة للعبور لأن خذلانهم سيجعلك تعاني مرة ثانية، الخذلان أصعب أنواع الألم لأنه يجعلك تعاني من أشد الأوجاع في حياتك بل يجعلك تصل إلى درجة كبيرة من الإكتئاب ويدخلك في حياة مغلقة وقلوب مقفول عليها وفي نفس الوقت يغمرها البكاء على عدم الوفاء

والترك في منتصف الطريق دون أن ينصفك أحد أو يحاول إنقاذك أحد القوانين، الخذلان يختلف لكن عواقبه واحدة في غالبها تقتل قلوبنا وترهق أشياء وقصص دامت في حياتنا، الخذلان ليس شيء مستحدث في حياتك، الخذلان أصعب أنواع المشاهد الذي ستجدها تتحقق دائمًا في أشخاص من حولك، الخذلان سيصبح عبادة عن بعض الناس وسيجعلهم يقتلونك ويدمرونك أمام نفسك، الخذلان لا قيمة له ولا لمن يتبعه فهو سم قاتل يقتل أحلام دامت ويبكي نفوس حلمت أن تكون لها قيمة أصعب المشاهد المؤثرة في حياتك والتي ستمر عليك في حياتك هو أن تجد شخص انعدم الوفاء عنده، عندما تكون في ضيق وعندما تخالطك مرار الأيام وفي توقيت لا تتوقعه، ستجد بعض الأشخاص الذي أعطيت لهم قيمة فوق قيمتهم يخذلونك وكأن كل شيء بينكم لم يكن وكأن حياتك معهم لا قيمة لها، لذلك عليك يا صديقي قبل أن تصادق أن تعلم قدر الوفاء في من تصادقه وعليك دائمًا أن تعلم أن طرق الخذلان منسحبة إلى طريق مغلق في حياتك يدمر شخصيتك ويقتل أحلام دامت في حياتك، الخذلان سم يأكل من عمرك ويدمر أشياء دام وجودها في حياتك بالفرح، الخذلان يجعلك دائمًا مقفولًا من البشر بل يجعلك تعيش أوقات مرهقة في حياتك، الخذلان يجعلك وحيدًا لا تثق في أحد ولا تحب الحديث مع أحد، الخذلان هو السم المنتشر في حياتك؛ لا تستطيع التخلص منه إلا إذا وجدت علاجه، صعوبات حياتك كلها ستجدها في من باعوا حياتك عن طريق الخذلان وستقتل طموحات ظللت تبنيها على مدار أعوام في حياتك وجاء شخص انعدم عنده الوفاء والإحترام ويتركك في منتصف طريق مظلم لا شمعة فيه لتنور لك الطريق، إياك وأن تحزن يوم من خذلانهم وإياك أن تبكيك أقدارهم وذكرياتهم معك وعليك دائمًا أن تمحي حياتهم من حياتك وتبني قرارات ترسم كيانك وتحدد مصير مستقبلك

بعيدًا عن التفكير في تركهم لك وفي إعتمادك عليهم وأمسح قوانينهم وأمحي شخصيتهم من حياتك وأقتل كل شيء دام وجوده بينكم ولا تجعل مدخلًا لشخص إلا إذا أختبرت درجة وفائه وإخلاصه لك عند الضيق وعندما تحتاج إليه في وقت الشدة، الخذلان أصحابه ليس في قلبهم أخلاق ولا يقدرون المجهود الذي بذلته معهم، لذلك؛ لا تلتفت يومًا إلى من خذلك ولا تعطي له قيمة أبدًا لأن إعطاء القيمة له سيجعله منتصر عليك دائمًا، الخذلان يا صديقي يعلمك دائمًا معنى كلمة الوفاء، الخذلان لا قيمة لأصحابه ولا يعرفون قانون يحكم قدراتهم، لذلك لا تعجب من أشحاص خذلوك فخذلاناهم هو العقبة التي مرت على حياتك ومحوتها عليك دائمًا أن تفكر أن للخذلان طرق مسدوده ومقفولة لا يدخل فيها شخص إلا ولم يجد مخرج في حياتك يخرج منه، الخذلان مواقفه صعبة وخاصة إذا وجدته من أشخاص كنت تحسبهم أنهم أحسن ما في حياتك وأفضل من تحب، لذلك قوانينهم في الخذلان وإن كانت صعبة عليك إلا أنها أظهرت وجوه كاذبة عاشت مع حياتك سنوات وشهور وأيام وظهرت عواقبها عند أصعب المواقف لديك وعندما حاولت الدخول في واقع متجدد، لذلك عليك أن تفكر أن لا أحد خذلك يوم وجعلت له سبيل بأن يدخل مرة أخرى في حياتك، من ترك بصمة غامضة في حياتك لا تلتفت إليه لأنه لم يبقى على شيء من حبك له وظل يتركك في منتصف الطريق دون أن يلتفت إليك أو إلى حاجتك يوم ما، من خذلوك سيندمون يومًا لأنهم سيجدون يوم من سيخذلهم لأن من كسر قلب أحد يوم وتركه في منتصف الطريق سيجد من يكسر قلبه ويتركه في طريق مظلم لا نهاية فيه، الخذلان وسيلة أحيانًا لإظهار الوجوه الكاذبة التي تعيش في حياتك

نكران الجميل

من أصعب المواقف التي تمر بالشخص أنه يجد أناس كثيرون في حياته رغم كبر المعروف الذي صنعه في حياتهم إلا أنه لا يجد وفاء منهم أو مجرد شكر؛ بل بالعكس، تحاوطنا شخصيات تنكر الجميل في حياتهم والأصعب في حياة أي شخص أن الإنسان ينكر جميل من بذل له معروفًا، نكران الجميل أمر صعب بل الأصعب أنك تتجاهله لأنه هو من جعل حياتك سعيدة فكيف تنكره، النكران شيء مستقذر بل هو عادة امتاز بها العديد من الشخصيات حولنا وأن الشخص لا يشكر أصحاب المعروف على معروفهم والأصعب أنك تنكر فضلهم ووقوفهم بجوارك وكأن كل شيء لم يكن، لذلك؛ فإن نكران الجميل من الأمور الضارة والمؤثرة بالسلب على حياة العديد من الناس الذين ينكرون فضلهم وكأنهم غير موجودين، لذلك؛ عليك دائمًا أن تعلم أن الجميل شيء عظيم في حياتك ونكرانه هو الأمر الغير ثابت الذي يهدم ثوابت وأشياء كبيرة وعظيمة في كيان المجتمع ويسقطك عندهم وكأنك غير موجود في حياتهم، لذلك؛ نكران الجميل دائمًا تنكره عند أول مواقف الزعل بينك وبينه بل تنكر كل ما بذله إليك من معروف لمجرد موقف أو حدث أو شيء حدث بينكم عن طريق الخطأ وفي هذا التوقيت يبدأ نكران ما فعله معك وكأن لم يكن بينك وبينه معروفًا يوم ما، لذلك؛ فإن ظروف الحياة وإن شغلتك عن مواقف كثيرة في حياتك إلا أنها لا تشغلك أن تنكر جميل من يعيشون بجوارك، بل لا يجعل لهم قيمة في حياتك الجميل امر عظيم وحفظه أمر جميل ومستحسن بل التمسك بالاعتراف به يبعث في حياتك

ثقة لا تنعدم أبدًا، الجميل من أجمل الأشياء وأحسنها؛ ونكرانه من أخبث ما قد تجده نفسك، لذلك؛ عليك دائمًا أن تشكر بل تقدم وفاء هذا الجميل لمن قدمه إليك وتستحسنه لمن استحسنه إليك وتجعل منه قربة تتقرب به إلى من قدمه إليك لأن الحياة بدونه أو بنكرانه لا تسمى حياة لأنك في ذلك الوقت ستوصف بأنك شخص حقود ولا تعجبك خدمة من قدم إليك هذا المعروف، الجميل أمر كبير وقيمة كبيرة ومودة عظيمة بل هو الأسلوب الذي ينظم علاقة المحبة بينك وبينه ويوثق أكبر مودة في المجتمع لا تنساها لأن من يحفظ الجميل يرتفع به حتى وإن مر عليه العديد من السنوات وتغيرت معه العديد من الأجيال، نكران الجميل مرض خبيث بل هو الأمر الذي لا يجعلك صاحب كرامة لا في أعين الناس ولا في حياة المجتمع، لأن ناكر الجميل خائن للأمانة ومخل بالشرف لأنه ينكر شيء قد أخذه بل وقد يكون هذا الشيء سبب في حل بعض الأمور الغامضة في حياته، لذلك؛ عليك دائمًا أن تعلم أن ناكر الجميل لا يعرف للأمانة باب وليس له مكان بين الشرفاء لأن الأبشع من أن تكذب أو أن تنكر جميل من صنع لك معروف وفضل كل ما يملكه من أجل إسعادك، نكران الجميل لا يأتي إلا من أشخاص عدم عندها الضمير وأختل توازنها في التعامل وطريقة الفهم، لذلك؛ لا تصنع المعروف إلا مع من وثقت أنه لن يردك يوم خائب لأننا تعاملنا مع أشخاص وبذلنا أقصى ما لدينا من أجل إرضائهم ولكنهم أنكروا جمائلنا وكأنها لم تكن، لذلك؛ عليك أن تفكر أن نكران الجميل أمر مستقذر وأمر مخل بالشرف وأن أصحابه لا ثقة لديهم ولا يجب أن تضع لهم القيمة الكبيرة في حياتك، أحيانًا ستحاوطك نفسك على فعل أمور معهم وأحيانًا ستحاول إرضائهم بأي شيء ولكن أعلم أن مواعيدهم في الوفاء قد ذهبت حتى شكرهم لك لم يكن موجود يوم في حياتهم، لذلك لا تكن يوم ناكر للجميل

ولا من أصحابه وإذا وجدت نفسك كذلك؛ عليك دائمًا أن تتصالح مع نفسك وتحاول أن تعود بها مرة أخرى حتى لا يوجعك قلبك وتتأزم عليك الأمور

النفاق

أحيانًا تجمعنا شخصيات عظيمة ولها مكانة في حياة كل شخص منّا وأحيانًا نتقابل مع شخصيات هم أصحاب نفوس سوداء وللأسف تمكنهم من حياتنا أصبح شبه شيء متعلق فيك لا تستطيع أن تنفك عنه ورغم تعلقنا الشديد بهذه الشخصيات وحوائجها إلا أننا نكتشف أنهم هم أصحاب النفوس السوداء في حياتنا وأنهم من تركوا بصمات في حياتنا كبيرة؛ شخصيات تمدحك أمام نفسك وتلعنك بينها وبين من تجلس معهم كثيرًا، ستقابل شخصيات مثل هذة وكثيرًا ستصبح عقبة في حياتنا؛ نفسنا تبعد عننا؛ لذلك؛ أرض النفاق أحيانًا يملأها شخصيات معدومة الثقة وأحيانًا هم نفس الناس الذي قلوبهم امتلأت حقد وغل وحسد هم نفس الناس الذي شكرت فيهم وتوقعت منهم خير ولكن بعد ذلك أكتشفت أنهم هم الذين تكلموا عليك وأن في الوقت الذي أنت بحاجة إنهم يحسنوا من سيرتك قدام الناس هم الذين أكلوا لحمك بينهم وبين من يجلسون معهم، أحيانًا ستجدهم يمجدونك وأحيانًا سيبتسمون في وجهك ولكن أعلم أن النفاق وسيلة كبيرة من وسائل الشر لا أمان فيها، إنما يريدون فيها أن يوقعوك في حفرة مظلمة لا سبيل للخروج منها، أصحاب النفاق هم أصحاب النفوس المريضة التي دائمًا يشعرون بنقص وأنك أقوى منهم وأفضل منهم، لذلك؛ عليك أن تفكر أن أصحاب هذه الصفة بل وفي غالب أمورهم يحاولون تزيين الكلام من أجل إيصالك إلى أبعد المراحل، وأحيانًا سيقترب منك حتى يوقعك في أقرب حفرة ممكنة ويوقعك مع أفضل ما تحب، أصحاب النفاق لا يعلمون الصدق وليس من عادتهم

الأخلاق بل هم أصحاب الصورة الكاذبة التي تأتيك بوجه وتأتي هؤلاء بوجه أخر، النفاق سم قاتل بل وسيلة لا سبيل للخروج منها من وقع في النفاق لا يستطيع الخروج منه لأن الخروج منه في غالب الأمر نفاق، أصحاب القلوب السوداء تجتمع عندما تتركها وتذهب وفي حين وجودك تظهر الإبتسامة وكأنها خلقت لك قلوبهم لا تميز ولا يعرفون معنى للصدق والإخلاص والود والحب لأن قلوبهم لا تعرف إلا الغيرة وعدم الوفاء بل هم أول ما يتركوه في حياتك هو أن تخاصم أقرب الأقربين إليك بل يضعون بينكم المصائب حتى يفرقوا حب دام لسنوات وأيام، النفاق يا عزيزي أصعب ما ستواجه في حياتك بل هو أصعب ما كنت تتخيل لأن أغلب صوره كذب وخداع وعدم الإيفاء بوعد كان لك، لا تصاحب يوم شخص فيه وسيلة من النفاق ولا تجعل لهم سبيل للدخول في حياتك لأنهم هم أصحاب النفوس السوداء وأصحاب السوء الذي ستجدهم لا يحملون خير قط في حياتك بل لا يحملون لك إلا مصائب تأتي واحدة تلو الأخرى ولا يجتمعون يوم إلا على سيرتك ولا يحسنون يوم فيك بل يذكرون عيوبك وكأنها سهرت يومهم وللأسف في الغالب يذكرون عيوبك وكأنهم لا سبيل في حياتهم للخطأ، وقد تجده يمجد نفسه ويعظم نفسه وكأنه هو الوحيد في هذا العالم بل هو من سيجعل من حياته وكأنها الحياة لم تخلق إلا له، لذلك؛ عليك دائمًا بالتجنب والبعد عن مثل هؤلاء لأنهم لا يشفقون على جسدك إذا وقعت في ألسنتهم ولا تجدهم يوم إلا و هم يأكلون في لحمك ويطعنونك في كل منطقة في جسدك بل بالعكس لا يريدون لك خير ولا يحاولون أن يجعلوا من حياتك قيمة عندهم بل يحاولون بشتى الطرق إيقاعك في المصائب من أجل أن يشمتوا فيك ومن أجل أن يقتلوا حياتك ويدمروا العديد من أحلامك، لا تلتفت يوم إلى أصحاب النفاق ولا تركن إلى أحدهم في شيء لأنهم

سيبذلون جهدًا من أجل إزالاتك ومن أجل أن لا تكون أفضل منهم في شيء وللأسف أصبحنا نعيش في وسط بعض الناس الذين يحملون النفاق وكأنه عمل لديهم بل يمجدون فيه وكأنه حق في نظرهم وللأسف لا يعتملون بحب ولا يعرفون معنى لكلمة الوفاء والإخلاص وللأسف يبذلون جهدًا من أجل إيصال أن باطلهم حق والحق في نظرهم باطل بل لا يجعلونك على طريق مستقيم حتى وإن كلف ذلك حياتك، لا تتقابل معهم يوم على صراحة فكل أفعالهم إتجاهك كذب وأعمالهم لك كلها تعشق الكذب والرياء لأنهم هم الوسيلة الفاسدة التي لا تريد لك خير ولا تحب أن تراك على خير، لذلك؛ عليك دائمًا أن تضع حدود بينك وبينهم وأن تعاملهم وكأنهم غير موجودين في حياتك بل لا تحمل قيمة لهم يوم حتى لا تجد نفسك تعيش في حفر كلما خرجت من حفرة وقعت في التي تاليها لأن أغلب طرقهم محفورة يوقعونك ثم يحثون عليك التراب وكأنك غير موجود وطرقهم في غالبها مشاكل ولا يظهر فيها إلا السوء والبغض والحسد وتدمير حياتك وقتل أحلام وأشياء أكتمل وجودها عندك، لذلك؛ لا تأتمن أحد منهم يوم على سر لك ولا تطلعه يوم على خصوصياتك لأنك ستجد ألسنة الناس تتحدث بها لأن النفاق وسيلة من وسائل الفتنة وسبيل من سبل الحقد عليك ويجب عليك دائمًا تجنب طريقهم وعدم الوثوق في أحد منهم يوم لأن النفاق لا دين له وليس له كرامة وفي غالب الأمر جبان يخاف من أن يتحدث أمام عينك ويخاف من أن يواجهك وجه لوجه

: :

الخيانة

جدير بالذكر أن أتكلم عن أهم المواضيع التي تشغلنا وتحزن العديد من الأشخاص الذين نحبهم، الخيانة يا صديقي هي أصعب الامور التي من الصعب أن تصدقها مسرعًا لأنها في غالب أمرك لا تأتي إلا من أشخاص مقربين بل الأصعب من ذلك أنك تجدهم في حياتك بصورة ظاهرة وفي وقت أنت لا تتوقعه تأتي الكارثة التي تجعلنا نشعر أن الأمان إنعدم من الحياة، أحيانًا نثق في أشخاص حتى نوفر لهم حياة أفضل من حياتنا وأحيانًا نملكهم حياتنا يتصرفوا فيها وأحيانا يصبحون هم ملاك أسرارنا وأموالنا ثم تظهر لنا الكارثة والجرح الذي لا يداوي وتتولد العواقب والمحن من وراء خيانتهم حتى لا يظننون يوم أو يتذكرون معروف لك ثم تتولد عواقب من وراءها؛ عواقب ومحن من وراءها؛ ثم يحاولون بعدها إيصالك إلى أبعد الأمور التي لا تجعل من حياتك سعادة وأقربها التي تحمل إليك التعاسة، أحيانا يا صديقي سيمهدون لك الطريق لتسلكه ثم في منتصف الطريق يحفرون لك ليوقعنك ثم يحثون عليك التراب حتى لا تكون لك كلمة، أصعب شيء يغلق حياة الإنسان هي الخيانة وأصعب المواقف التي ستمر على حياتك هي الخيانة، الخيانة إما أن تحملك على أفعال تدمر بها مستقبلك وإما أن تحمل أفعال عليك لتقتلك، من الممكن أن تنسى أشياء كثيرة في حياتك لكنك لا يمكن لك يوم أن تنسى شخص خانك أو قريب طعنك في ظهرك، لذلك؛ عليك أن تعلم أن أصحاب السوء والخيانة جزء مؤلم في حياة أي شخص دائمًا لأنهم يجعلونك في موقف محزن ومخزي، الأصعب هو أنك تعدم وقتها الثقة في كل ما تعرفه لمجرد أن الخيانة فتحت باب من أبوابها لك، أعلم يا عزيزي أن الخيانة حفرة سقط بها أصحابها لكي تحث عليهم التراب وأعلم أن من وقف

أمام حياتك يوم وائتمنته على شيء وخذلك فيه وباع أسرارك إلى غيرك لا يستحق منك معروف يوم ولا يستحق أن تجعل له مكانة في حياتك، أحيانًا ستؤلمك العواقب وأحيانًا ستألمك الخيانة وستتغلب عليك نفسك وتلومك وتجعلك لا تثق يوم في أقرب الأقربين لكن الذي يجب أن تعلمه أن كل من حاول إسقاط الثقة وإنعدامها عندك سيتألم عندما لا يجد مراد ما أراده منك وعندما تخذله العواقب بأنك لا تهتم به أحيانا سيحاولون إظهار المودة والحب من أمامك وأحيانًا سيجعلون من الوفاء وسيلة للعبور إلى حياتك حتى يصلون يوم إلى نقطة ضعفك ويطعنوك فيها، الخيانة شيء مؤلم ومحزن وعواقبه كبيرة وليس لها حد، لذلك لا تحاول أن تأتمن في حياتك من تشك في وفاءه ولو لحظة واحدة حتى لا يأتي عليك يوم وتندم على كل ما جرى بك وتسود حياتك من هول ما حدث معك، لذلك؛ فالخيانة لا وفاء فيها ولا مودة، أصحاب الخيانة دائمًا يقتنعون أنفسهم بأنهم فعلوا الصواب ولا يعترفون دائمًا بأن خيانتهم قد أدت إلى إنهيار من خانوهم وتدمير حياتهم، الخيانة دائمًا يتوقع أصحابها بأنهم فائزون لكن الحقائق أحيانًا تؤلمهم بما توقعوه، لا تصاحب شخص تحدث عن شخص أمامك لأن الخيانة جزء من دمه وسيتكلم عليك عند غيره، أصحاب الخيانة ظهورهم في حياتك أكثر من ظهور المقربين منك لأن إقترابهم عبارة عن علامة يبحثون بها عن كل ما تحمله عواقب الحياة لك من معنى، لذلك؛ عليك أن لا تشغل بالك بهم ولا تفكر فيهم يوم وأجعل حياتهم لا قيمة لها بجوار حياتك واستنتج لنفسك أصدقاء لا يحملون إلا وفاء ومودة ورحمة وإخلاص حتى لا تأتي عليك الأيام وتعدم الثقة في كل الناس لمجرد أن كل ما في حياتك أصبحوا خائنين ولا يعرفون قيمة الوفاء ولا تحمل في قلوبهم كلمة إخلاص لا تحاول أن تسمح لهم يوم بالعودة إلى حياتك حتى وإن

سامحتهم ولا تحاول أن تجعلهم يقتربون منك لأنهم عند أول وسيلة سيجعلونك تندم على عودتهم لك ويفقدونك الثقة في كل من حولك

: : : : : : : : : : : : : : :: : : : : : : : : : : : : : : : :

التنمر

أصعب مشهد ممكن أن تراه في حياتك أو أن تجد تأثيره السلبي عامل من عوامل النقص هو أنك تجد أشخاص رغم عيوبهم إلا أنهم لا يتركوك وحيدًا دون أن ينهشوا في عظامك أو أن يضعوك في موضع من مواضع الإستهزاء، أحيانًا ستقابلك بعض عقبات التنمر وأحيانًا سيصل بك إلى الحزن الشديد رغم أن إختلافك لا مدخل لك فيه، التنمر هو أصعب الوسائل التي يعاني منه بعض المرضى النفسيين وهو الصراع الذي يتصادم مع حياتك، أحيانًا سيحاولون ضحك أنفسهم على عيب لا سبيل ولا مدخل لك في خلقه وأحيانًا سيبكونك أو يقفون أمام إرادتك ويحاولون إحباطك لمجرد عيب خلقت به أو تواجد في حياتك دون إرادتك، التنمر هو أصعب أنواع المشاهد المؤثرة في المجتمع، المتنمر دائمًا ناقصًا في عين المجتمع بل سيصل نقصه إلى أهله، لذلك فالتنمر هو واحد من أصعب المشاهد التي تقتل التقدم في حياة أي شخص لأنه دائمًا من يعيشون في تنمر الناس لهم، يشعرون دائمًا بالعجز بل يصل ضعفهم عن القيام بما يحبون في حياتهم، التنمر واحد من المرض النفسي المستميت بل هو المرض النادر الذي ليس له علاج لأصحابه، لذلك؛ لا تحاول أن تنقص من قيمة أحد أو مكانته لمجرد عيب فيه لأنه وبطبيعة الحال كل شيء سيدور فكرة حول حياتك يوم وما مر على المتنمرين ستعيشه أنت أو أحد من أبناءك، التنمر لا دين له ولا أخلاق، بل هو أكبر الوسائل التي تدمر مجتمعاتنا وتجعلها دائمًا متفرقة ويجعلها تعيش أصعب الأمور التي لا تمر عليها إلا بالتفرقة وبالعنصرية التي تحتل جزء من حياتنا، أحيانًا ستحملك نفسك على الوقوف وأحيانًا ستحاول الوقوف أمام ما عجزت عنه، فلا تحرم نفسك من أن تفعل

أشياء ظننت في يوم أنها مستحيلة لأنه لا يوجد أمر في حياتك يستحق أن تضعه في مواضع الإستحالة وإياك يوم أن تحزنك مواقف عجزت عنها لأنها إذا أحزنتك أو أوقفتك على أبواب إرادتك وتبنيتها بعض المواقف التي تعدم من شخصيتك وتقف أمامك وتعثرك لعدم الإستمرار على أن تكون أقوى، التنمر مواقفه كلها لا تشغلك لأن أصحابها في الغالب نوعان أما إنه يتنمر ليضحك الاخرين منك أو يتنمر ليستهزئ بما لم تستطيع أن تقدر عليه أو إنه ليس لك مدخل في إيجاده في حياتك، لذلك عليك دائمًا أن ترسم بعض النجاحات الصعبة التي يظن البعض أنها مستحيلة حتى يعلمون أن المستحيل الذي ظنوه فيك أصبح ممكن وأن كل أبواب النجاح وإن ظنوا أنها أغلقت في وجهك أصبحوا مندهشين عندما فتحت لك أبوابها وكشفت لك عن أنيابها عليك، لابد أن تعلم أن التنمر فترة مؤقتة وأن النجاح في طريق مستمر لتثبت أنك الأفضل والأقوى، المتنمرين لا يصنعون دائمًا أهداف رابحة في حياتهم بل ليس في طريقهم ما يدعو للنجاح لأن من نظر يومًا إلى عيوب الناس تواجدت العيوب في التراب التي يضع عليه أقدامه لذلك.

: : :::::::::::::::::::::::::::::

الهدف

عندما تحاول يوم أن تقف على طريق مستقيم وتستمر في التقدم فيه، يجب عليك دائمًا أن تضع سهام واضحة للوصول إلى الغاية التي تريدها وهدفك في أن تصيب هو قدرتك على الإجتهاد فيها وهو الطريق الذي أن بذل منك جهدًا إلا أنه يوصلك دائمًا إلى الغاية التي تريدها، أحيانًا ستتبدد بعض المواقف وتقف أمامك بعض العقبات وأحيانًا سيحاول القدر إحباط قدرتك على الوصول وستقفل جميع الأبواب في إتجاهك وستحفر الخنادق من أجل أن تجعل من أهدافك ظلام لا تخرج حياتك منه إلا إلى الفشل المستميت الذي لا يوقفك على قرار أبدًا، لذلك؛ عليك دائمًا أن ترسم الأهداف في كل شيء في حياتك، وعليك دائمًا أن تضعها في نصب عينيك وأن تحاول دائمًا في إمكانيات الوصول، كلما توقفت وأن تكتب قرارات وأسماء أهدافك على كل شيء تنظر إليه حتى وإن لم يتحقق في الأوقات التي تريدها إلا أنها ستتحقق من أجل أن تلون حياتك بالألوان المبهجة التي يعجب بها كل من مر ويجعلهم ينظرون إليها كلما توقفوا عنها، فالعبور بالأهداف هو الغاية التي ستوصلك يوم إلى النجاح وهو ما سيجعل من وقتك مفازة لكي تفوز بكل ما حرمت منه نفسك ويتكون بعدها إرتياح وفرح بما صنعت بل وقتها سيعلم الجميع أن ما ظنوه مستحيل الوصول إليه، أصبح ممكنًا بل أصبح شيء واقع في حياتك ينظرون إليه دائمًا لا ترسم الهدف في طريق دون أن تمر عليه في كل دقيقة لكي تستأنس به بل أجعل زيارتك لهذا الهدف صديق تخشى زعله وتحب دائمًا أن تكون بجواره، أجعل من أهدافك طموحات و أرسم كل قراراتها على أوجه من تجدهم حتى تستطيع يوم أن تجد وفاء أهدافك وما قدمته لها واقع في حياتك، لا تحسب أن الإحباط جزء

من نسيان الهدف بل الإحباط جزء من تذكرت الهدف وعدم الإستسلام إليه والإستمرار على أوجه النجاح دائمًا وعليك دائمًا أن تعلم أن الدرجات في الأهداف متفاوتة، فشخص أعطى للهدف قيمة فما كان للهدف أن يخذل ما أعطاه وشخص لم يهتم به فكانت أهدافه مثل أوراق الشجر إذا تساقطت عليك أن تستثمر أهدافك دون الالتفات إلى أحد لأن إستثمارك لها هي القيمة التي ستستحقها عندما تصل إلى ما أردت، أحيانًا ستتعثر في منتصف الطريق وأحيانًا سيكون هناك عوامل تعمل على إيقافك، لذلك؛ لا تلتفت و أمضي حيث توقفت أهدافك حتى تصل يومًا إلى أفضل الغايات وتقترب يوم من تبني القرارات الصالحة في حياتك وتصل بها إلى أفضل قرارتك، لذلك؛ الأهداف أركان ومبادئ تستمر قيمتها بإستمرار النجاح في طريقك، فعليك دائمًا تنوير عقلك وإستلهام أفكارك للوقوف على أنجح ما تقوم به حياتك، لذلك؛ يقول أحد الحكماء " الثقة بالنفس هو أن تعتقد في نفسك إعتقاد راسخ من إمكانية تحقيق الهدف والوصول إلى غايته"، عليك دائمًا أن تعلم أن هدفك في الحياة هو الفعل لأن إكتمال الأهداف في حياتك عبارة عن فعل يكتمل ويبني أشياء جميله في حياتك، لذلك؛ الثقة هيا مفتاح الهدف لأن الثقة بالنفس هو أن تعتقد إعتقادًا راسخًا بإمكانية تحقيق الهدف والوصول إلى أقرب غاية لأن إمكانية الوصول والإستمرار في طريق العبور إلى الهدف هو ما سيحمل معاني النجاح والتفائل، لذلك؛ فإن للأهداف أهداف وأن للأهداف سبل وأولويات ترتب بها قوانين راسخة ومستنيرة في حياتك، لذلك؛ يجب علينا أن نحدد وجهة الأهداف في حياتنا لأن الأهداف إذا كانت واضحة ومحددة كان لها نمط في البقاء وحافز لك على توجيهك إلى ما هو صحيح.

الإهتمام

أحيانًا يشغل بالنا العديد من أمور حياتنا وأحيانًا يشغلنا التساؤل حول حياتنا وعدم الإهتمام وأحيانًا الأفكار تحاوط مداخلها بأن الإهتمام أمر متروك في حياتك، دائمًا الإهتمام متروك في حياة العديد من الأشخاص وأحيانًا يكون الإهتمام وسيلة لفرحك وأحيانًا نفتقده من أناس حولينا، كان في أنفسنا أنهم يهتمون بشخصياتنا، الإهتمام نوع من أنواع السعادة ويحمل أصحابه دائمًا إلى التقدم إلى الأمام بل يكون أحد الوسائل التقدم والإنبساط والتطور والفرح لأنه دائمًا يأتيك من أشخاص تحبك وأحيانًا إهماله وسيلة من وسائل الملل وعدم الشعور بالراحة بل يجعلك تتألم من أوجاع تركه، لا تبحث عن الإهتمام في من حولك قبل أن تهتم بنفسك ولا تهتم بأشياء غير الأشياء الدائمة في حياتك، أحيانًا سيجبرك المجتمع على ترك إهتمامك وأحيانًا سيصفك المجتمع بالشخص السيء لأن أغلب الناس تفتقد عامل الإهتمام في حياتهم لأن عدم الإهتمام هو وداع وترك للاحترام لأن الإهتمام جزء لا ينفك عنك؛ فإذا تركته أعلم بأنه لا شيء في حياتك يستدعي أن تقف عنده أو تحاول الوصول به إلى الغاية، الإهتمام ركن من أركان حياتك وجزء من إبتناء أشياء جميلة في حياتك، بل هو الثمرة التي تضيء المستقبل وتجعله مستنير في عينك لأن الإهتمام هو جزء من ترتيب الأولويات في حياتك بل هو الكيان الذي يضبط حياتك وتكتمل معه قرارات كنت تريدها، لا تحسب أن الإهتمام الذي أفتقدته يومًا ولم تشغلك نفسك به أنه سيعود لأن الإهتمام ركن إذا أهملته ضاع معه كل ما كنت ترتبه في حياتك، لذلك؛ عليك دائمًا أن تنشغل بالأهم والمهم في حياتك ولا تجعل من أحد وسيلة لطمس هوية الإهتمام بل أول وسائل النجاح هو الإهتمام وأول

وسائل السعادة هو الإهتمام لأنه إذا انشغلنا به أصبح كل شيء أمام أعيننا ظنًا به يوم أنه صعب ولكن أصبح في يدينا وينير حياتنا ويجعلنا نعيش أجمل أنوع الفرح والسرور في حياتنا، وهناك إهتمام في حياتنا تركه أفضل، فإهتمامك دائمًا بالإطلاع على أسرار الناس سيجعلك مزموم في نظرهم وعدم إنشغالك بالإهتمام بأمر لا يحبون لك أن تتدخل فيه هو محو لكل أمر أردته ولم تستطع الوصول إليه، لذلك؛ لا تشغل بالك بمن حولك ولا تجعل الإهتمام أو الفضول يشغلك في الدخول في كلامهم لأنه سيجعلك تعيش أصعب أنواع الحياة وستعيش بمرض الفضول القاتل لذلك فإن للإهتمام أركان لا تنفك عن الشخص، فآحيانا نهتم بما هو في صالحنا وأحيانًا نهتم بما هو في صالح من حولنا، لذلك؛ عليك دائمًا أن تنشغل بمبادئ الإهتمام لأنه سيكسبك كل من حولك ويجعلك وسط المجتمع شخص عاقل يفكر في الأمور التي حوله ويعقلها ولا تحاول يوم إهمال الإهتمام في حياتك حتى لا يتشتت عقلك ولا يتسع ذهنك، الإهتمام أركان وللأركان ثوابت وللثوابت قوانين لا تقف عندها حياتك ولا يستصعبها الإهتمام ولا تحسب أن الحياة وجملها جميلة بغير الإهتمام لأن الإهتمام هو ما سيجعلها تكون أجمل شيء في عينك لأن الإهتمام يكسبك الثقة من كل من حولك وعدم الإهتمام يفقدك حب أقرب الناس إليك فللإهتمام نتائج ولأسلوبه طريقة؛ إذا قمت بإستخدامها أسهلت عليك كل الصعوبات في حياتك لأنها ستحمل أشخاص يقفون بإتجاهك ويحملون إهتمامك بهم إلى طريق يفتح من أجل أن تعبر، لذلك؛ لا تحسب الإهتمام صعب فالأصعب منه أن تهمل قلوب من حولك ولا يشغل الإهتمام خاطر في السؤال عن تفاصيلهم، الإهتمام يا صديقي شخص متلازم في حياتك يغضبه ما يغضبك ويحبه ما يحبك فلا تحاول

يوم أن تنكسر وتهزم أمام نفسك من عدم الإهتمام بك لأنك لو وثقت إهتمامك بهم لوجد الإهتمام بك عندما تضيق عليك حياتك .

يوم أن تنكسر وتهزم أمام نفسك من عدم الإهتمام بك لأنك لو وثقت إهتمامك بهم لوجد الإهتمام بك عندما تضيق عليك حياتك .

جبر الخواطر

قد نستعمل العفو في حياتنا في أمور كثيرة قد غابت عن عيوننا وقد ترسمها إيدينا في لمسة أو يضع لها قلبنا بصمة وقد تشغلك هذه الأشياء كثيرًا وقد يحاول الكل أن تضعها لهم، ومن أهم هذه الأشياء هو جبر الخواطر وهو الأسلوب الذي يرسم عفويتك في حياتك ويضع بصمتها في أعين الناس لأن من عاش بين الناس جابر لخاطرهم وحافظ لمكانتهم أصبح بينهم أفضل من يمشي وأحسن ما يرونه لأن جبر الخواطر في حياتنا يجعلنا نعيش أمتع أوقات حياتنا ويميزنا دائمًا بأن نكون أصحاب قيم ومبادئ بل يجعل العفو هو أول وسائل الإستقرار في حياتك، لذلك؛ عليك أن تتعامل بجبر الخواطر وكأنه هو الشيء المفضل في حياتك، فجبر الخواطر يبدأ برسم شخصيتك في حياة الناس وينتهي بالعيش في قلوبهم لأنك فضلت ما هو لك حتى تجعلهم سعداء، لذلك أول وسائل السرور في حياتك هو أن تجبر بخاطر من حولك ومن لا تعرفهم لأن جبر الخواطر هو الذي سيرفع عنك العديد من مخاطر الحياة، فإن كنت لا تستطيع أن تجبر بخاطر شخص فلا تحاول أن تكون عبء عليه أو أحد الوسائل التي تزيد عليه همومه وأعلم أن خواطر الناس لهم كنز فلا تحاول يوم أن تكسرها أو أن تعبث بها وأجعل حياتك مرحلة إتفاق للوصول إلى أكبر غاية في الأخلاق والقيم لأن من حاول اليوم جبر خاطره سيحمل لك جبر خواطرك إلى أقرب الناس إليك ويجعل لهم جميلك له هو أول وسيلة لسرورهم، فلا تقف يوم أن تجبر بقلب شخص لأن في جبرك لخواطرهم حياة تستمتع بها ونور يفتح أمامك طريق للعبور إلى الأخلاق والقيم، لذلك؛ عليك دائمًا أن ترفع من أسلوبك وتتعامل بعفوية جميلة ترسم خاطرك ويبصر فوائدها أمام أعين من

حولك، فلا تحاول يومًا أن تكسر بخاطر شخص أو تجبره على الخذلان لأن في جبرك حياة وبهجة تستعيد بعدها مكانتك بين الناس وتعلي من شأنك أمام من حولك، لذلك؛ عليك أن تعلم أن من مشى بين الناس جابر للخواطر أنقذه الله من جوف المخاطر، لأن من تعاملت به طبائعك لا يمكن أن تحيد يوم عن أخلاقك، لذلك؛ أصعب فترات الإنسان أن يعود مكسورًا خاطره وقلبه مكسور لأنه قد أخذه العفو من أجل أن يجبر بخاطره، فإن جبر الخواطر هو الذي يحدد أخلاقيات الشخص في المجتمع ويحدد قيمة حياته فينبغي عليك أن تتصالح مع كل من حولك بجبر خواطرهم والوقوف بجانب قلوبهم حتى يستعيدون أفضل ما قاموا بفقده، لذلك؛ لا تيأس من أن يجبر بخاطرك ولا تيأس إذا كسروا بخاطرك لأنه حتمًا سيأتي من يحملك إلى أفضل مكان تستريح فيه ويبلغ به قلبك ما يطمئن له، فعليك أن تكون طيب الأخلاق وحليم في حديثك فأنت من ستحدد قيمتك وترفعها وأنت من سيحددها ويضعها فلا تحاول يومًا أن تكسر بخاطر شخص لأنه سيحمل هذا العناء إلى أقرب الأقربين منك بل سيجعل علاقتك معه تسوء لدرجة أن يكره فيك أقرب ما أحببت ويجعلهم ينفرون من ثقتهم بك بل لن يشفق عليك أحد يوم وأنت كسرت بخاطره وقتلت أمال دامت في حياته، لذلك؛ عليك أن تتغنى بحلمك وجبرك لخواطر الناس، فعليك دائمًا أن تستحسن من حديثك ما يدخل قلوب الناس ويجعلك مقبول عندهم وعليك دائمًا أن تفكر أن جبرك لخاطرهم هو ما سيحمل اسمك عند موتك في قلوبهم لأنه لا علاقة تدوم ودها إلا الذي جمعها جبر للخواطر وجمعها كلمة أقربت القلوب بعضها لبعض فلا تحاول يوم أن تعبر إلى قلوب الناس بشخصيتك لأن حتمًا سيعقبها خسارة وأعبر إلى قلوبهم بقلبك وأخلاقك لأنها ستجبر خاطرهم وتوجهها إلى أفضل ما يتمنون، لذلك؛ لا تحاول يوم أن تهدم قلب

شخص لأن هدمك لقلبه سيحزنه ويجعله صغيرًا أمام نفسه وحاول أن تطيب خاطره حتى وإن كنت لم تخطأ في حقه لأنه من مشى بين الناس جابرًا للخواطر؛ أنقذه الله من جوف المخاطر فإذا نظرت يوم إلى أشخاص يتمتعون بصحتهم ووجد يوم من بينهم رجل مريض فعليك أن تجبر بخاطره إذا وجدت أم تمسك أبناءها وإمراة زادها الشوق إلى من يأخذ على يديها ويفرحها، فعليك دائمًا أن تجبر بخاطرها، فعندما تشتد بك أصعب الأمور ستدرك وتتمنى أن يقف بجانبك أحد ويجبر بخاطرك وإذا فقدت أمرًا يومًا ما في حياتك عليك أن تعلم أن من سيجبر بخاطرك لا يواسيك بل هو يريد أن يأخذ بيدك إلي بر الأمان، فعليك دائمًا أن تتذكر أن جبر الخواطر من أعظم ما يحدد قيمة الشخص ومكانته في المجتمع، فربما ما في خاطر الناس يخرج إليك في وقت أنت أحوج إلى من يمد إليك يده فيه، فلا تحسب أن الأمور تسير خلف القضبان ولا تحسب أن ما تركته يوم في جبر خواطر الناس سيزول بل يوم ما إن لم تنتفع به نفسك سينتفع به أبناءك في وسط المجتمع بذكر سيرتك، فأفعل الخير و ألقيه في البحر لأنه حتمًا سيعود، فلقد أعاد الله موسى لأمه وجبر لخاطرها، فلقد ألقت الخير في البحر فعاد إليها مرة ثانية؛ فألقي في البحر ما تحب وأفعل ما أحببته وأجعل من جبر الخواطر طريق تعبر به أخلاقك إلى قلوب الناس.

: :

الأمل والحلم في حياتك

أحيانًا تغلبنا أشياء في حياتنا مجبرين على الوقوع فيها، وأحيانًا تقتل بداخلنا أشياء جميلة تمنينا وقوعها في حياتنا ولكن مع مرور الوقت تنعدم أمالنا من الوصول لها لأن أحلامنا وطموحاتنا إتجاهها أصبحت منعدمة، لذلك؛ عليك أن تجدد الحلم والأمل بداخلك لأن إنبعاث الأمل جزء في حياتك إذا فقدته فقدت السرور والبهجة التي كنت تبتغيها، فالأمل أن تبني طموحات وأمال جميلة تكمل جزء بداخلك ناقص وتحقيق الحلم هو الطريق الذي وضعت أمالك فيه لتصنع طموح تبتغيه ويكمل ما انتقص في حياتك، لذلك؛ الأمل هو الحلم الذي تعيش معه وأنت متيقظ وتحاول أن تحققه وأنت في طريق البداية لأنه هو الذي يحدد مصير حياتك وتكتمل معه ذكريات جميلة في حياتك لأن الأفضل أن تضع الأمل على حلم قادم يمكن الوصول إليه لأن الأفضل دائمًا أن تنظر إلى ما هو أمامك ولا تلتفت خلفك حتى لا تقع في نار الوهم الذي شغل كثير من المحبطين حول حياتهم، فإنبعاث الأمل يجعلك تسير في تقدم ورسم الهدف فيه هو ما سيجعل كل الأشياء تتهيأ من أجل أن تكون سعيد في طريقك، فعليك أن لا تقف أمام حلم أو تحاول يوم أن تتعثر في الطريق وتقف أو أن تقف أمام شخص تمنى إبتناء أمال جميلة في حياته؛ لأنك قد تتحمل أعباء في طريقك إذا وقفت في طريق من حاول الوصول لأنك قد تقف أمام قطار لا يتوقف ووقوفك أمامه هو ما سيكتب نهايتك، لذلك؛ إنبعاث الأمل يكون بكلمة أو بمساعدة من حاول الوصول، وعليك دائمًا أن تجدد ثقتك بنفسك وتجدد طموحاتك والأمل بداخلك حتى تستطع أن تصل إلى ما أردت وتجتمع في نهاية الطريق إلى ما تحب، فينبغي عليك أن تتمنى الأفضل في يومك وفي سائر أمور حياتك حتى تكون طيب

النفس مرتاحًا وحتى لا يقف أمام حلمك يأس يتملك من حياتك، فالحلم والأمل وجهان لعملة واحدة؛ إما أن تستخدمه في ما هو أحسن لك أو يستخدمك هو في أن يضع في حياتك وتبحث عنه فلا تجده لأن العقل السليم دائمًا ما يوجهك إلى إنبعاث الأمل بداخلك، لذلك؛ لا تفكر يومًا في الوقوف وتبني المستحيل في حياتك لأنه حتمًا سيوصلك إلى أبعد الطرق المؤدية إلى قتل أحلامك؛ فينبغي أن تتبنى الأهداف والأمال والأحلام على أنها ابن لك تتمنى أن تجده في أحسن حال وأبعث الأمال في حياة العديد من الأشخاص حتى تعلم أن قدراتهم قد تفوق كل شيء وأن وصولهم إلى أهدافهم هو ما سيحملك على أن تكون سعيدًا ولا تحاول يوم أن تشعر بخيبات الأمل وتجعل الهموم وقتها تتملك منك واليأس جزء في حياتك لأنك ستتقن أن الأمال التي ضاعت لا يمكن أن تعود، لذلك؛ عليك دائمًا أن تكون واثقًا في قدراتك وأن تحاول كلما فشلت أن ترسل الأمل في طريق تود الذهاب إليه لأن هذا الطريق هو ما سيجعل حياتك أفضل وقرارتك مستقيمة في حياة سعيدة انبعثت فيها الأمال والطموحات حتى كادت أن تنطق من فرحها وكادت أن توصف أشياء جميلة وصلت إليها، لذلك؛ الأمل لا يقف حتى وإن توقفت قدرتك على الوصول إلى جزء منه لأن الأمال المستمرة حتمًا ستكون شخص رزين يكتمل مع قرارته طموحات وأحلام رسمها في حياته لأن الأحلام لا تنقطع إذا واصلت وعزمت نفسك على الوصول إليها، فالأمل حياة وطموح يكتمل معه عناوين جميلة وأشياء مستهدفة في الوقوع في حياتك، لذلك لا تحاول التوقف حتى وإن لم تساعدك العوامل التي حولك على الوصول، وأسرع في طريقك حتى تصل إلى بر الأمان وأنت سعيد بوجود كل هذه الأشياء في حياتك .

الحب

الحب ليس كلمة تقال بل هي أفعال تعبر من قلب يطمئن إلى قلب خائف فتجعله يستريح من كل شيء أرهقه، الحب هو الوسيلة التي تجمع القلوب بعضها ببعض وتجعل القلوب تعيش مطمئنة ومستريحة مع من يحب لأن الحب أفعال وقدرات غير متناهية في إستراحة من تحب، لذلك؛ لا تحسب أن الحب يأتي بدون مقدمات، فالحب كله مقدمات والحب يجعلك تعيش أجمل حياة؛ سعيدًا بوجود من تحب وسعيدًا بقلوب من حولك، الحب ينقلك من شخص تملكت الهموم من حياته إلى شخص ليس في حياته شيء يغضبه أو يجعله يعيش أصعب الأوقات الصعبة، الحب يحملك إلى الوفاء والإخلاص والمودة، والحب دائمًا تستقر قدراته في القلب ويتعايشها الجسد بالفرح والسرور والبهجة فالصراحة فيه غير متناهية والقلوب فيه تتلاقى، لذلك؛ لا تحسب أن الأصعب لا يأتي ولكن احتسب أنه إذا جاء سيجد الحب مستقبله مع من حولك، فالحب روح ومعاني وعيون وقلوب تتلاقى وأسلوب يحكم على قراراتك بالنجاح ويحول حياتك في لحظة من شخص عصبته مرارة الأيام إلى شخص لا يغضبه شيء؛ ليس له قيمة، فالحب هو القيمة والقامة التي في حياتك، إذا بذلته إلى أقرب الأقربين منك حملوا إليك كل معاني التضحية في سبيل أن يجعلوك سعيد، الحب له معاني واضحة، بالحب تجمعه كلمة وتختمه قلوب؛ لأنه أقرب درجات المودة التي تجمع عينك بعين من تحب وترسم أهداف السرور في من حولك وتجعلهم يعيشون حياة جميلة لا تنبغي لأحد بعد، لذلك؛ عليك أن تعتني بمن أحببت وتبذل كل جهدك من أجل إسعاده، أحيانًا تفقد الشغف في وفاء من تحب وربما تحملك الأيام أن تشغلك حياتك عن من تحب، لذلك؛ عليك أن تفكر أن

جميع الوسائل التي أحببتها قد تعطيك وفاءها عندما تحمل لها وفاءها وقد توفد على حياتك أشياء ظننت خيباتها وتجدها قد ساعدتك في الوصول إلى ما تحب لأن الحب لا يكون إلا بين جسدين تكتمل معهم الثقة التي وضعت ورسمت في مخيالاتهم، لذلك؛ لا تحاول في يوم فقدان ثقة من تحب حتى لا تصغرك الأيام في عينه، ولا تحاول في يوم أن تعبث في حياتهم بما يكرهونه منك حتى لا تسقط في حياتهم، لذلك؛ الحب أعظم ما يتملكه القلب، لذلك؛ التحسس فيه وعدم الشعور بمن أحببتهم في حياتك سيبعد عنك كل الأشياء الجميلة التي أردت يوم أن تكتمل بينكم، الحب من أعظم درجات الوفاء بين الأشخاص وهو الذي يحمل الإخلاص كوسيلة للتعايش بقلب سليم في عادات وتقليد مجتمعاتنا لأن من كان بينه وبين من حوله صفة الحب كان يوم مالك لقلوبهم وأغلى الأشياء التي تملكها يداهم؛ لأن الحب يجمع الثقة ويجمع الود والوفاء والمبادئ، فمن كان طريقه بينه وبين الناس الحب كان كمن وضع أغلى الأشياء أمامه ليتباهى بها أمام نفسه وأمام من حوله لأن الحب طريق تجتمع معه كل سبل الفرح وتكتمل به جميع ألوان الحياة التي ترسم من أجل جمع القلوب مع بعضها البعض، لذلك؛ لا تظن أن من أحببتهم يومًا وخذلوك أنهم سعداء في حياتهم، عليك أن تعلم أن ما سيفقدونه من حبك لهم هو أصعب أنواع العذاب الذي سيستمرون في البقاء فيه، لأن العذاب الأكبر ليس بأن يحمل الجسد المرض إنما العذاب الأكبر بأن تحمل القلوب معنى الفقد، فلا تحسب يوم أن الحب ألعوبة في يديك تضحك بها على من حولك، الحب هو أن لا تفقدك أخلاقك معنى الود فيه وأن تجتمع بينكم قلوب استكمل معها معنى الوفاء والإخلاص وبذل الجهد في إسعاد من أحببتهم، لأن الحب يظهر كرامة اخلاقك بين الناس ويعتزم عليك أن تعطيهم أفضل ما أحببت؛ فلا تسمح لأحد أن

يحولك وجهتك عن فقدان الحب أو أن يدخل بينك وبين من تحب حتى لا تجتمع كل الظروف السيئة في حياتكم وتحولها يوم إلى نار لا يطفئها شىء، لذلك؛ عليك أن تتوقي الحذر في مثل ذلك وأن تحترم شعور من تحب حتى لا تجرح قلوبهم وتجعلهم يعانون يومًا ما .

:::::::::: ::::: :::::::::::::::::::

مواقف في حياتك

في كثير من الأوقات تتنوع الأحداث في حياة كل شخص منا وتختلف الطبائع في ترتيبها في حياتنا و اجتمع مع أفكارنا وعقولنا أشياء مهما حدث في الأيام ومهما أختلف الزمان لا تنسى مواقفها ولا تفرقك أحداثها وقد تجمعك بها مواقف جميلة تستحسنها في حياتك وقد تجمعك بها أصعب المواقف التي تركت أبشع أنواع الألم في حياتك، وقد تجتمع معها ذكريات مؤلمة أحيانًا وقد تجمعك بها ذكريات سعيدة لأن هذه المواقف رغم تعددها إلا أنها تكون أسلوب حياة لأن في الغالب أغلب هذه المواقف مؤثرة في حياتك ويتكون من خلالها فكرة متغيرة لديك عن تغيرات الحياة، فعليك دائمًا أن تأخذ من هذه الحياة أفضل المواقف التي ترسم قوانين مستمرة وأسلوب ممنهج في حياتك لأن كل ما هو في صالحك منها هو ما سيجعلك تصل مسرعًا إلى أفضل القرارات ويكون لديك أسلوب إجتماعي جميل في حل أغلب أمور حياتك وإستعادة القرارات الصائبة في حياتك، لذلك؛ عليك دائمًا أن تتذكر أن ما سترسمه حياتك من أسلوب جميل وصائب هو أنك أتخذت العبر والمواقف الجميلة منهج تسير عليه أو تأخذ منه أفضل ما يمكنك من التحكم في العديد من أمور حياتك لأن أغلب هذه المواقف قد تحملك يوم على أن تدبر العديد من أمورك في إتجاه صحيح تحتاج له عندما يقف أمامك العالم وقد تحملك إلى إتجاه خاطئ يحملك إلى أبعد طريق و أظلمه، لذلك؛ المواقف المؤثرة في حياتك هيا ما حملتك على أن تدبر أغلب أمور حياتك في وجهة صحيحة بل تسمو بها العديد من الأشياء التي ظننت بها سوء يوم ما لأن من حملته المواقف الجميلة في تعاملاته حملته الأخلاق والمبادئ عندما يكون في ضيق في حياته لأن تعدد المواقف هو ما سيجعل منك

شخص إجتماعيًا تدرك كيفية التعامل وحُسن تدبير المواقف في حياتك، فالجميل دائمًا لا يحمل إلا مواقف جميلة تحملك على أن تحقق شيء جميل في حياتك وتدوم الود والوفاء والحب بينك وبين الناس، لذلك؛ عليك أن تفكر أن كل ما هو جميل في حياتك وكل ما أعددته في حياتك جميلًا يظل في مخيلتك إلى أبعد مدى ممكن، فالإقتباس من المواقف ما تستحسنه ونسيان كل ما هو قبيح في نظرك أو كان سبب في قتل جزء بداخلك فهو ما يجعلك تعيش في أفضل حياة تحبها وكنت تريدها، فالمواقف المؤثرة هي ما تحملك دائمًا على أن تواجهه تحديات وهي التي تحملك على أن تكون بين الناس خبيث أو طيب النفس؛ لأنها هي ما ترسم توقعك لنفسك وهي التي ترسم أيضًا توقعاتك بين الناس، لذلك؛ المواقف إجاباتها تحتويك بل وترسم صورة ثابتة في حياتك التي تعيشها لأنها جزء كائن يهيئ إليك طبيعة الأشخاص الذي حولك بل وتظهر لك وجوههم بمواقفهم إتجاهك فإن كانت مواقفهم بإتجاهك مواقف خير حفظتهم في حياتك وكأن حياتك لا تريد يوم أن يفترقوا عنها وإن تركوا فيها بصمات سلبية ستجد نفسك تستنكر طبيعتهم بل وتختلف معهم في العديد من الأمور والمواقف المتجهة بينكم، لذلك؛ لا تحاول يوم أن تتأثر بسلبياتهم بإتجاهك وعليك دائمًا أن لا تأثر عليك مواقفهم في حياتك حتى لا يزداد الحزن عندك سوء ويفقدك قدرتك على التحمل أو يذهب بك إلى أبعد الطرق التي تجعلك تعيش حياة بائسة لا فرح فيها، فالمواقف لا تحاسب أصحابها إلا إذا تأثروا بها فإن كانت سلبًا نساها وإن كانت إيجابية فرح بها حتى يعيش يوم ما وليس في قلبه حقد على أحد أو أن تغضبه مواقف من شخص قد غير من طابعه وجعلت منه شخص أخر، لذلك؛ القديم من المواقف تذكره يكون للعبرة وليس لفعله مرة أخرى إن كان هناك سوء لذلك تحملك على تقييم الثوابت ونسيان المواقف السيئة

هو ما سيجعلك صاحب قيمة وقامة، في المجتمع يعتز بصحبتك كل الناس بل سيحملون لك مواقف جميلة تُذكر بها حتى بعد موتك، لذلك أترك مواقف جميلة في حياتهم حتى إذا أجلسهم مجلس ذكروك بالخير وإذا إنصرفوا طيبوا من سيرتك في الخير .

الوحدة

أحيانًا نتأثر بسلبيات في حياتنا وأحيانًا تغلبنا الهموم بإنفرادها وأحيانًا تعيش في وحدة قاتلة رغم وجود كل الناس من حولك وأحيانا تشاغلنا الوحدة بالعديد من الأمور المفقودة في حياتك، فالوحدة وإن أستحسنها بعض الناس إلا أنها تضيق عليك بعض الأمور في حياتك بل تجعلك تعاني من أصعب أنواع الإكتئاب، فالوحدة لا تعرف معنى لثبوت الفرح أو تجعلك تعيش في حياة مليئة بالفرح لأنها تتغلب عليك في تذكرك بأغلب الهموم التي تشغلك في حياتك، الوحدة أصعب أنواع العذاب الذي يعيشه النفس بل أنه سيفرقك عن أقرب الناس إليك، لا تحاول يومًا أن تبتعد عن أن يكون لك رفيق ولا تحاول يومًا الانعزال عن البشر حتى وإن كانوا سيئيين ولا تحاول أن تفرق وتكتم على حياتك بأصعب أنواع الألم والوجع الذي ستعيشه لأن الوحدة هي النار التي تأكل في جسدك، لذلك؛ عليك دائمًا أن تعالج وحدتك بالفرح ولا تحاول يومًا أن تجعل وحدتك تكون سببًا في بكاءك يوم ولا تجعلها متغلبة على حياتك حتى لا تقف يوم وتجد نفسك تعيش وحيدًا في عالم أجمعته ثوابت الفرح، لا تحتسب أن الوحدة ستنفع قلبك بل ستجعل حياتك تضيق عليك؛ ليس لأن في إبتعادها عن كل من قتلوا في حياتك بلا؛ بل لأنها ستجعل وحدتك تتذكر ما فعلوه معك فلا تحاول يوم الركون جانبًا والجلوس بوحدتك مع همومك حتى لا تغلبك نوائبها بالحزن وحتى لا تجعل حياتك عذاب لا تذاق فيه روح الفرح يوم، لذلك أصعب أنواع الوحدة هي من تأتي مصائبها من أقرب الناس إليك فلا تحاول لشىء أن يجعلك وحيدًا، فمن تركته حياتك لا تحاول أن تتوحد منه حتى لا يصيبك أصعب من ما عفيت منه في حياتك وحاول أن تغير من وحدتك ومن ما فعلوه معك بأشياء

تبهجك حتى لا تتغلب غلبك عليك أصعب أنواع المشاعر القاتلة في حياتك؛ فلا تحاول يوم أن تتعبك الهموم أو يفترق عنك الناس فتعيش وحيدًا ولا تستسلم لنفسك في وحدتها حتى لا تجعلك تعاني، أصعب أنواع الحزن والوجع وترسم واقع أسود أمام حياتك وطموحاتك وأحلامك فالوحدة وإن استحسنتها إلا أنها تجعلك تعيش حياة لا يقبل بها قلبك ولا تستمر حياتك في طريقها لأنها ستفقدك جزء غالي في حياتك وهو أن ترتبط علاقتك بالناس أو بأقرب الأقربيين إليك، لذلك؛ أعلم بأن الوحدة شيء لا تستحسنه الظروف لك ولا تعتمد عليه حياتك بل هو الإتجاه المعاكس الذي ينقلك من التعايش مع حياتك الإجتماعية وتجاربها إلى واقع لا تكتسب منه حياتك غير الحزن المبالغ فيه، لذلك؛ القوانين تربطها علاقتك بالمجتمع والناس وتفككها قرار التعايش مع الوحدة، لذلك؛ أصعب أنواع الوحدة هو أن تعيش معزول عن إكتساب الخبرات أو أن تكون متعدد الفكر، فالوحدة تكون جميلة عندما تجعل لها وقت معين لتكتسب منها فهم معين وتكون خبيثة عندما تحول قدراتها للإنعزال عن الواقع لأنها جزء يحولك من أنماط الفكر والتدبر إلى أنماط الحزن والبكاء، فلا تحاول يوم أن تسعد بقرارتها ولا تسمح يوم لأحد أن يجعلك تعيش وحيدًا و أبحث عن ما أفتقدته مرة أخرى ولا تنعزل بفقده بالوحدة حتى لا تجعل إنتصار النفس عليك أكبر إنتصار يؤدي إلى أصعب الهزائم في حياتك و أكتسب خبرات دام توقعها و أجعل من وحدتك كيان إذا أسكنتك بداخلها وأبلغ أقرب التمنيات في الوصول إلى غاية مؤكدة منها حتى لا تخرج في حياتك خاسرًا بسبب من تركوك أو تعود مرة أخرى إلى أصعب الأوجاع التي تجعلك وحيدًا في حياتك، الوحدة مرض يصيب الإنسان بأصعب أنواع الألم التي لا يمكن للأطباء إيجاد دواء لها لأنها ستبلغك إلى أصعب أنواع الأمراض التي ليس بها

علاج يداوي جراحك أو يخرجك من حالة المرض إلى حالة الصحو، فلا تفكر يومًا أن تنعزل عن العالم حتى لا تعزلك نفسك عن الفرح وتلومك على تركها في حجرة مظلمة ليس بها نور تبصره حياتك وتستجمع معه أفضل قراراتك، لذلك؛ لا تسمح لحياتك أن تكون منفردة وأجعل الإكتساب من حياتك الإجتماعية طريق متبع تريد إستمراره في حياتك ولا تسمح للحياة أن تجعلك تنفرد بنفسك في أصعب أنواع الظروف حتى وإن أستحسنت نفسك ذلك حتى لا تحببها إليك، وبعد مرور الوقت تجعلك تعاني من أصعب الظروف وأمرها في حياتك، لذلك؛ محاولاتك على البقاء منفردًا ستجعل من حياتك عزلة لا تطيب في حياتك بناء فكرة ولا تجعلك إجتماعيًا بل ستزداد حياتك حزن وألم ومعاناة لأنها ستمحيك من طرق التعامل وطرق التدبير ونمط التفكير في كيفية تدبير الأمور وكيفية التعامل مع البشر والحياة الاجتماعية لأن الإنعزال عن البشر جرم في حق نفسك ترتكبه حتى وإن أستحسنته حياتك وحتى وإن أثبتت الأيام كلها أن كل من حولك خذلوك يجب عليك أن تذكرها أن الوحدة جسد يعيش بدون روح فلا فائدة فيه ولا يصلح بان تحمل أشياء به .

: :

الفقدان

هناك قوانين مختلفة في حياتك تشعرك دائمًا أنها تسير في إتجاه معاكس لك وهناك أساليب مختلفة وهناك شغف حول أشياء تمنيت وجودها ولكن عوامل الحياة كتبت فقدانها، فكم تمنيت وجود أشياء مفقودة لا يعلم أثرها في حياتك بل أن هناك عوامل تتمنى وجودها رغم أن عواملها لا تتذكرها إلا بعد فقدانها، لذلك؛ فالفقدان ألم وجزء ناقص لا يكتمل حتى وإن جاء ما يعوضه، فالفقد أصعب أنواع الألم بل هو أبشع أنواع الحرمان، فالإنسان مهما جري في عمره ومهما تلفت حوله الأحداث والمواقف إلا أنه يتعذب بألم الفقد بل يتعذب ببعد الشىء عن حياته أكثر من أي شىء في حياته، لذلك؛ فالفقدان النوع الأول من أنواع العذاب القاتل للنفس؛ بل هو الذي يحملك على أبشع أنواع الدموع تأثيرًا في حياتك لأنه سيحملك على مواقف الوحدة ويجعلك تعيش في ندم وحسرة وغضب بل أن الفقدان وإن كان مميز في بعض الأمور إلا أنه أقبح من أن تتصور أفعاله في حياتك في بعض الظروف، فالفقدان عذاب للقلب على الترك، والترك أصعب ما تتخيله من المواقف وإن أختلف عليه العديد من الناس، وأصعب أنواع الفقد هو أن تفقد نفسك أو شخصيتك وسط المجتمع ولا تستطيع أن تعطي نفسك حقوقها وتفقد توازنها في حياتك بل لا تستطيع أن تجمع فقدانها في حياتك إلى أشياء جميلة، فالفقدان وإن كان صعب في الوصول والفقدان وإن كان صعب في جميع من حولك إلا أن فقدان شخصيتك وحريتها هو أصعب أنواع الفقد الذي يجعلك تعاني أصعب الظروف الممكنة في حياتك، لذلك؛ لا تستعجب من بعد الأشياء وفقدانها من حولك ولا تستعجب من أصعبها في من حولك، لأن أغرب إستعجابها هو ما سيحملك على أصعبها في

حياتك وشخصيتك وستحملك أصعب معانيها إلى شغف في وجود أساستها ومحوها من حياتك، لذلك؛ لا تحتسب الفقد درجة واحدة، فمن فقد قلبه ليس مثله مثل؛ من فقد ماله وكل من حوله، فالأصعب في الفقد هو أن تفقد ما هو لقلبك وأن تحكمك قراراته على أشياء صعبة لا يدوم وجودها في حياتك فالإبقاء على أشياء انعدمت في حياتك هي ما جعلت كل أنواع الفقد عذاب، لذلك؛ لا تحتسب أشياء مرت على حياتك وتعاظم فقدها ولا تجعلها قانون عقوبات تتذكره عندما تنفرد بك نفسك، فالفقدان والفراق عملة واحدة لا تختلف على أنها تؤلم أشياء عديدة في حياتك وتدمر قرارات دام وجودها فيها، فعليك دائمًا أن تتعلم أن لا شيء يستحق أن تساهم في تذكره يوم ولا شيء يستحق أن يغضبك أو يحزنك أو يجعلك تعيش في حسرة دائمًا وتعلن أن للحياة عقوبات واردة يجب أن تمر عليها حتى تستفيق من قوانين صارمة وعواقبها كبيرة، لذلك؛ لا تحتسب لها ولا تجعل هذه الأمور تحزنك وتعامل مع الأمور بتلقائية و أمضي في حياتك بنسيان ما فقد ولا تحسب أن فقدانك لها وسيلة لوقوع أهدافك في قاع لا تستطيع الخروج منه و أجعل عواقبه عبرة تصل بها في حياتك إلى فكرة معينة لإستنتاج أشياء جميلة عوضتك حياتك عن فقدانها بأشياء جميلة فلا تحتسب أن حياتك ستسير فارغة، فربما ما انتقص من الفقدان في حياتك سيكمله بقاء أشياء عظيمة يبني بها طموحات وأحلام جميلة وتتربع بها أشياء عظيمة في حياتك، لذلك؛ لا تجعل الأحزان المتفرقة في فقدانك للأشياء دائمة واستحسن لنفسك ما تبقى من الخير في حياتك واستمر على إستكمال المفقود فيها حتى تعبر بسلام إلى بر الأمان وتكمل أشياء عظيمة في حياتك انتقص منها الفقدان أشياء كثيرة وتمنيت عودتها يوم، لذلك؛ أعبر حيث أمضتك الأيام على قراراتها وحاول أن تبقي أحسنها في حياتك وما فقد مجرد

شيء لم تستحسنه الحياة لك فالأحسن أن ترضى بقضاء الله فيه وتحاول أن تلقن نفسك شيء من الصبر حتى تصل بها إلى بر الأمان والفرح وتستجمع سرورها وأفضل الأشياء العظيمة فيها، فالفقدان أحيانًا يكون رحمة لحياتك من وقائع غيرها قد تحزنك وتقتل أشياء جميلة في حياتك وحاول دائمًا أن تجعل من الرضا قانون تسير به؛ حيث كلفتك الأيام بمصائبها وحاول يومًا أن ترسم أحلامها كقانون سائد يتحرك معك حيث تريد ويجعل من حياتك فرح لا يحزنك فيها أوجاع الفقدان والألم والعذاب، لذلك؛ لا تحاوط نفسك بكثرة تقلبها أو تذكر ما فقد منها وأعلم أن الثوابت التي تغير من حياتك بعدها هي ما ستتخذ منها عبر ومواعظ للإستمرار في حياتك، فعليك دائمًا أن تتعلم أن المفقود دائمًا لا ينسى إلا بالموجود في حياتك؛ وحاول دائمًا تذكره بالعبرة ولا تستحسن من أقوالك إلا توابع ترتب بها أساليب تتخذها حول العبور إلى مستقبل مشرق تستنير به حياتك ويحولها إلى شيء تم تعويضه عن ما فقدته .

: :

العنف

أحيانًا تحاوطك الأمور الغير طبيعية وأحيانًا تحاول كل الظروف أن تخلق من حياتك شخص سيء، تتربع قدراتك في أسلوبك مع الناس؛ في حياتك حتى تجعلك تتعامل بأسلوب لا يليق كليًا أو جزئيًا بكونك إنسان، وأحيانا يصادفك أشخاص تلقائياتهم في حديثهم تدل على العنف وروح التعصب بل تستوي طبائعهم مع العنف حتى يصبحون أكثر قسوة ويصل بها الحال إلى محو القيم والمبادئ التي نعيش بها في مجتمعاتنا ويؤلها الحال إلى أن يصبح المجتمع أكثر خوفًا من العبور إلى حياة أمنة بل ستتبدد قدراتهم إلى محو عادات وتقاليد إجتماعية متفق عليها ومحوها من أساسيات إجتماعية كبيرة كان سيتقدم بها مجتمع إلى أحسن حال وأفضل قيم إجتماعية واسعة، لذلك؛ فالعنف ليس فقط في تعصبك بل العنف أيضًا في إسقاط العادات والتقاليد المتعارف عليها وظهور شخصيات انعدمت في حياتها كلمة أخلاق حتى تستبعدك أفكارك إلى عدم العيش في حياة لا عنف فيها، لذلك؛ كل ما هو عنيف رأيته في حياتك حتمًا ستزول توابعه وكل ما كان في حياتك أسوء؛ عليك أن تفكر أنه لا بقاء له ولا فرح فيه لأن عاداتك لا يغيرها عنف شنيع ولا تقدمك في حياتك أبدًا لأنك خاصمت الحياة وجمالها بعنفك بل سوء العادات والتقاليد في نظر أناس أخرين، فالعنف أبرز وسائل الإنكسار وأقوى توابع لمحو شخصياتك بين الناس والإبتعاد عنك في حياتهم لأن من كان جانبه العنف كان أساس حياته منهزم لأنه ترك في العنف أغلب الأساليب السلبية بين الناس بل العنف يذهب بك إلى أبعد الإختيارات؛ بل يقربك من المصائب ويجعلها متلازمة في حياتك، لذلك؛ لا تحاول أن تفرض العنف في حياتك أو في حياة الأخرين ولا تحاول يومًا أن تكن

سببًا في كسر قلوبهم أو جراح قلوبهم التي لا يغفرها لك الناس أبدًا، فالعنف المتكرر يورث في حياتك أمور سلبية يستقذرها كل من حولك، حاول دائمًا أن ترسم أبسط الأمور التي لا تجعلك عنيفًا ولا تظهرك في حياة أناس بالشخص الإنساني الذي يحمل معنى الحب والوفاء، فالعنف دائمًا إثارة سلبية ودائمًا يأتي على أغلى ما يملكه الشخص وهي كرامته التي يعيش بها فأكثر ما يجعل الإنسان يبكي أن تأتي على شخصيته أو تحاول يوم بعنفك مذلته أو التنقيص من قيمته، وليس كل توابع العنف سلب بل العنف عندما تدافع عن نفسك ضد من خذلوك هو الجانب الوحيد الإيجابي في حياتك؛ بل لا يسمى عنف؛ بل يسمى دفاعًا عن نفسك أو الوصول إلى أسلم القرارات التي تنتصر بها في حياتك، والعنف ليس مرتبط بحياة الناس بل العنف أكثر إرتباط بالحيوان والكائنات من حولك، فلا تحاول يومًا أن تكون عنيفًا مع من يعيشون معك على أرض واحدة، فاللطف معهم هو ما سيجعلهم أما أن يتجنبوك أو أن يحبوك وأنت من تحدد ذلك، فالعنف يجعلهم يشعرون عندما تمر من أمامهم، بل سيعنفك المجتمع حين إذن على تعاملك معهم، وحاول أن تظهر أطيب ما فيك لكل ما هو حي بجوارك حتى تألفك الناس ويداومون على الإقتراب منك، فالعنف السلبي لا يظهر إلا من شخص ضعيف لا يستطيع مواجهة العالم بذكاء بل يظهر الجانب السلبي في حياته ولا يستطع من خلاله إثبات شخصيته؛ بل دائمًا يخرج عن صواب الإنسانية الذي خلق من أجلها، فالعنف أمر سلبي استنكرته عادات الناس وتقاليدهم بل جعلته من القوائم المحظورة التي لا ينبغي أن تظهر في مجتمعاتها؛ بل تحاول محوها، فالمجتمع الذي يظهر فيه العنف في إظهار قيم مختلفة عن عاداتها قد تصبح أكثر الشعوب متضررة من وراء شخصيات سلبية تؤثر على المجتمع وعلى عادات الناس

وتقاليدهم وتخرج عن النص المألوف لها بل ستكون سبب في إسقاط الأمان الذي يبحث عنه المجتمع وتطمئن به الحياة، العنف سيجعلك كثير الأخطاء بل لا يتقدم بك إلى الأمام أبدًا .

مخاطر الإدمان

أحيانًا تستعملنا البيئة وتحاوط أجسادنا شخصيات قد تكون سببًا في وقوع أغلب أمور حياتك في مستنقع مغلق لا تستطيع الخروج من حوافره بل تستعملك قرارتها على تدمير حياتك والذهاب بها إلى أبعد طرق الإفساد ومن هذه الأشياء الإدمان والإدمان أصعب أنواع الأمراض تأثيرًا على الإنسان وهو أصعب تحدي تواجهه في حياتك بل هو أبشع أنواع العذاب لقلبك لأنه سم ينتشر في الجسد ويختلط بالدم فلا تستطيع الفرار منه، فلابد أن يكون لديك أكبر العزائم في حياتك للتخلص منه، لذلك؛ الإدمان أبشع من أن تتخيل، فهو الشىء الذي لا تستطيع تركه ولا تقدر على صده وله أبواب متفرقة في حياتك وأشياء مختلف بل قوانينه الجبرية تجبرك على أن تكون سلبي في أغلب أمور حياتك بل تجعلك ترهق نفسك وجسدك في أشياء لا ترسم هدف في حياتك ولا تجعلك تتقدم أبدًا، بل ستجعل كل من حولك إما أن ينتقدوك أو أن يبتعدوا عنك لأن طرق الإدمان يؤثر على النفس، وأحيانًا الإدمان يكون سببًا كبيرًا في تدمير مستقبل بنيته وأساس كل شىء فيه من أجل أن تكون سعيدًا وله أبوابه المختلفة وطرق عديدة، الإدمان ليس له شيء واحد وهو ما ظننته في نفسك، فالعمل قد يكون إدمان وتعلقك بشىء يكون إدمان ومنصات التواصل قد تكون إدمان بل إستمرارك على شىء ومداومة حياتك عليه يكون إدمان، بل أغلب الأشياء التي استمرت عليها حياتك بالسلب تكون إدمان لأن حياتك أحيانًا قد تبقيك على أشياء سلبية قد تكون في اشغالك عن أشياء كثيرة مهمة بل الإدمان مرض كبير تستعصيه نفسك وتستقذره، لذلك؛ الإدمان يعزلك عن العالم ويجعلك تعيش في أحضان الوهم والإكتئاب بل سيجعلك تصل يومًا إلى وحدة

قاتله لا تقبلها نفسك وحياتك بل ستدفعك على فعل أي شيء حتى تستقوى به إلى الإدمان وتقترب منه أكثر لأنه أبشع شيء يجعلك تعلق حياتك على كافة الانتظار، بل الإدمان سيجعلك تعيش حالة من الإستسلام التام لشهواتها بل سيجعل في حياتك أبشع أنواع الإضرابات التي لا تقوي بها نفسك إلا بعد معاناة كبيرة فإعتزالك ما يؤذيك ليس ضعف منك بل هو أكبر إنتصار على النفس وعلى ما يحيط بك، الأشياء الفاسدة التي تجعلك تعيش في جرائم البشر كواحد منها؛ فلا تحاول يومًا أن تقف على قرارات الإدمان والتبحر فيه أكثر وحاول الدوام على البعد عن مخاطر الإدمان وتوابعه لأن من استسلم إلى الإدمان تحمل عواقبه بل وقع في أصعب المواقف المؤدية إلى هلاكه، لذلك أحتفظ بنفسك وأبتعد بها عن مخاطر الإدمان وتوابعه وحاول يومًا أن تكون عونًا لكل من حاول الهروب من مخاطر الإدمان ولا تحاول يوم أن توقع أحد أو تدله على مخاطرة واستخدم الحكمة في مواجهة مخاطرة، وعليك دائمًا أن تتحمل عواقب الأمور التي ستواجهها عندما تحاول الإبتعاد عن هذه الأمور الشاقة التي تحولك إلى وحش لا يرى أمامه ولا يدري ما يفعله فالإدمان سيجعلك تعاني أكبر معاناة وسيحول حياتك إلى جحيم مقيم لا تستطيع الخروج منه إلا بتحدي كبير وبمواجهة صعبة تحولك في توقيت إلى شخص قادر على مواجهة المهام الصعبة التي تجعله يحدد توازنه ولا يفقد الأمل في إعادة أنفاسه مرة أخرة إلى نصابها الذي كانت عليه من النجاح، لذلك؛ عليك دائمًا أن تدرك أن المخاطر مهما كلفتك فأنت من تحدد الإستمرار فيها وضياع مستقبلك أو الخروج منها وبناء حياتك من جديد، فأعظم الإنتصارات التي ستحققها هي الإنتصارات التي تأتيك بعد معاناة كبيرة، لذلك؛ لا تتوقف دائمًا عن أن تكون شخص حياته

جميلة وحاول أن تترك كل ما يؤذيك وحاول أن تكون شخص لا توقعه
الحياة في حفرها المظلمة.

::

الكرامة

في كثير من الأحيان تتغلب قدراتنا علينا وتحاول أن تحاوطك المشاعر وأحاسيسها المطلقة التي تحتفظ بها للوصول إلى كرامة لا تتغير وجهاتها في نظرك، وأحيانًا تتغلب عليك ثوابت الحياة لتحاول التنازل عن كرامتك بالصمت، وأحيانًا تكون هي السبب في فقد الشغف والطموح في حياتك وتجعلك في توقيت تفقد شخصيتك وسط المجتمع ولا تستطيع المواجهة أمام الناس، فالكرامة كلنا نعلم أنها الكنز الغالي في حياتك بل كلنا نعلم أن عدم وضع قرارات مفيدة لنفسك هي ما ستجعلك تعاني من فقدان كرامتك بل في غالب الأحيان لا تستطيع رفع عينك أمام من حولك لمجرد تنازلك عن أكثر شيء يرسم حياتك وهي كرامتك في عكس أن هناك أناس تتنازل عن أشياء في حياتها كانت من الممكن أن تكون سبب في تطور حياته من أجل الكرامة، فالكرامة جزء كبير في حياتك لا يمكن أن تتخلى عن ثوابته أو تسمح لأحد أن يخترقها، لذلك؛ لا تسمح لنفسك يوم أن تحاول التنازل عن كرامتك لمقابل أن تعيش، فالحياة التي تتنازل بها عن كرامتك هي موت بالنسبة إليك، فلو لم تحييك كرامتك ستقتلك بالتنازل عنها، لذلك؛ الكرامة كنز في حياتك؛ ترسم قرارتك التي تحدد مستقبلك وتجعلك تكبر في أعين الناس، فلا تسمح لأحد بإختراق قوانين ثابتة ليسقط كرامتك ومن تنازلت له عن كرامتك ستتحمل بعدها القرارات الدامية التي ستمحو تاريخ دام بناءه في حياتك، فالكرامة عزة للنفس والتنازل عنها يكون إهانة لنفسك وتدميرًا لمستقبلك، لذلك؛ الكرامة أقوى ما سيحمل نتائجه إليك أن يحسسك بعزة النفس حتى وإن كانت تستقذرك الناس فلا تحاول يومًا ما تبعثر قيمتك وكرامتك بين الناس والتنازل عن مبادئ في حياتك حتى لا تظهر ضعفك أمام من

يحاولون إسقاط مبادئك ومحو تاريخ كبير ظللت تبني فيه طوال حياتك لأن التنازل مرة يعني محو لكل ما قررت بنائه وسماحك بالتنازل سيجعلك تعاني أشد الوجع من إذلال الأخرين لك ولا تجعل لأحد مكانة في حياتك يتمكن من خلالها لإسقاط كرامة ومبدأ ظللت تبني فيه، فكل ما يهين نفسك أو يقلل منها يذهب من حياتك عندما تحاول أن تحدد مفاهيم كرامتك في حياتك أو تكتب قوانين ثابتة لعدم الإختراق لأن الكرامة قضية ثابتة في حياة الناس؛ ومعتقداتهم من يتنازل يوم عنها تستحقره ثوابت الناس وعقائدهم بل الدافع النفسي للناس حين ذاك يحاول تنبيهك أنك تنازلت عن ما يحدد قيمتك فلا تستسلم للإهانة أو لشيء حاول إسقاط مبادئك أو أن يمحو تاريخ كبير دام في حياة الناس أو دام قراراته فيها بالثبات على مبادئ جميلة تحدد قوانين ثابتة لا تُمكن لأحد التدخل في شؤون حياتك أو تحاول يوم إسقاطك أمام نفسك، فلا تحاول يوم التقليل من شأن الأخرين أو التقليل من قيمتهم ولا تحاول يوم إحراجهم لأن أغلى ما يمتلكونه كرامتهم، إذا حاولت إسقاطها جعلت الوجع والألم يشتد بهم وقد يصل حزنهم إلى فقدان حياتهم أو الاقدام على الموت دون نقاش أو دون تحديد الأسباب الواضحة لذلك، وإن حاولت يوم إسقاط كرامتهم ستصغر حين ذاك في أعين المجتمع لأن الناس دائمًا لا تقبل بإهانة الكرامة سواء كان لهم أم لغيرهم من الناس، وهناك في العالم من ليس في حياته كرامة فكلمة إهانه عنده لها معاني عديدة؛ لكن في أوجه الناس ليس لها قيمة بل يجعله العالم شخص سيء ليس له قيمة وليس له كيان بينهم بل كرامتهم تجعلهم يستنكرون هذه الأشخاص بل لا يحملون لهم شيء من الشفقة أو يلتمسون لهم العذر لأنهم اخترقوا قواعد الكرامة وإنتهكوها، لذلك لا تحاول لأحد أن يقلل من كرامتك أو يحاول يوم التنقيص من قدرك وأجعل كرامتك فوق حدود العالم حتى لا

تعاني أكبر معنا وتجعل حياتك في مهب الريح وتجعلك تعيش في نوبة حزن شديدة قد توصلك عواقبها إلى الإنتحار أو تمني الموت لأن كل شيء يهون عليك فلا تجعل كرامتك من الأشياء التي تجعلك تعاني أو تجعلك تعيش أصعب الظروف وأجعل كرامتك فوق كل شيء واستحسن من حياتك أشياء جميلة ترفع بها كرامة من حولك وترفع من قدرهم، لذلك الكرامة زريعة خلقها الله في حياة الإنسان فلا يحاول إهانتها يومًا ولا يسمح لأحد بأن يخترق حياته وقدراته ويتمكن من إسقاط كرامتك، فالكرامة سقوطها سقوط حياتك وبقائها بقائك قوي، فالكرامة الوحيدة التي جعلها الله مباحة لك هو أن تذلل له فقط؛ أما تذللك لغيره سيجعلك مهان دائمًا في أعين الناس بل سيصغرك في أعين نفسك ويحملك على أفعال لا تستحق بل سيجعل حياتك بائسة لأنه لا يعيش من أهان كرامته وعاش من جعل لكرامته كيان يستمد منها قوته ولا تجعله يعيش ذليلًا بين أحضان الناس، فكل صاحب كرامة طموح وكل صاحب شرف عظيم وكل من أسقطهما شخص ميت ليس له عيش يبتغيه، فلا تسمح لأحد أن يكون سبب في تدميرك وإسقاط كرامتك ولا تحاول يومًا أن تتساهل مع من يحاول إهانة كرامتك أو تبعثرها وسط المجتمع بقصد إحراجك وعليك أن ترد حتى لا يظنون أن الضعف جزء في حياتك ويحاولون إسقاطك أمام المجتمع والناس بل يحاولون حين ذاك أن يفقدوك شخصيتك ويقللون من كيانك الذي بنيته على مدار أعوام عديدة

: :

الغيرة

في أوقات كثيرة تختلف حياتنا إختلاف كبيرًا في تحول إرادتنا حول حياة الكثير من الأشخاص من حولنا؛ أبصروا النجاح بأعينهم وحاولوا الوصول إليه ثم تأتي حياتنا رغم تكامل الصفات الإجتماعية فيها إلا أن هناك عنصر مفقود قد أخذه شخص أحق مني به لكن إرادتنا أجبرتنا على أن نتمنى أن يكون ما امتلكوه في حياتهم ملك لنا ونحاول دائمًا الإستلاء عليه عن طريقة غيرتنا منهم، وأحيانا تتملكنا الغيرة في أشياء قد تكون مستحسنه في حياتنا وقد تحول حياتنا إلى كابوس تتحول معه حياتنا إلى أبعد طريق مظلم لا نستطيع الخروج من عواقبه بل في غالبها تحاوطنا الظنون على إفساد حياتهم بغيرتنا منهم، أحيانًا تكون الغيرة جزء كبير في عدم تقدمنا إلى ما أردته حياتنا لنا، لذلك؛ فالغيرة أمر قد يظنه البعض أمر مستحسن وقد يظنه البعض أمر قبيح، وللغيرة عواقب قد تؤثر على حياتك بالإيجاب وقد تؤثر عليها بالسلب، فالغيرة جزء إذا أكتمل في حياتك لبناء جزء كبير يهدف إلى رسم عنوان لتقدمك فهو ما ستتقبله حياتك وتحاول معك الوصول إليه وإذا فقدته حياتك جعلته أسوء ما قررته الغيرة وستجعل من حياتك وجع لا يدوم فراقه عنك، لذلك الغيرة في حياتك هي أن تحاول وتقاوم وتساعد من حاولت الغيرة منه حتى تستطع أن تكون مثله أو جزء منه، وأحيانًا تكون الغيرة حفظ لما في يديك بحيث لا تتمنى شخص أن يخذه منك أو يحاول يومًا الإستيلاء عليه، فالغيرة أمر قد يقدمك وقد يؤخرك ويأخذ من وقتك وأنت من تحدد ذلك، فتحديدك للأشياء المستحسنة فيه هو ما سيجعلك تتوقع نتائجه بأولويات واضحة تحدد معالم ناجحة في حياتك وتمكنك من الوصول إلى غاية جميلة تستطيع من خلالها إدراك المفاهيم وإثبات ما

117

فقدته حياتك ووجدته حين ذاك؛ لأن من يغير في الأمور المستحسنة للوصول إليها جعل أهدافه واضحة في حفظ ما غار منه عند الناس، ومن حاول إسقاط ما غار منه سقط في بئر مظلم لا يستطيع الخروج منه، لأن الغيرة أمر كبير؛ قد يستحسنه الناس وقد يستحقروه؛ لأن طبائعها مختلفة في حياة الناس، فأحيانًا تكون ناصرة لقرار بداخلك وأحيانًا تكون عامل أساسي لسلبيات في حياتك، فالغيرة إما أن ترسم بها هدف دون ضياع حقوق الأخرين وإما أن تمحو بها أشياء استعجلت في وجودها في حياتك، لذلك؛ لا تحاول أن تجعل الغيرة تتحكم في قراراتك أو تجعل الغيرة تفقدك أقرب الناس إليك وفي نفس الوقت لا تجعلها شغلك الشاغل وتعامل مع غيرتك بحكمة وأجعل كل ما أردته منها صالح في حياتك ولا تحاول يومًا ما أن تجعلها أقرب ما يفقدك كل من حولك وتعامل بروح فيها وأجعل منها أسلوب يعيشك ولا تحاول يوم أن تقتل الغيرة بالداخل بل أجعلها إما أن تستفاد منها أو أن تترك مصائبها التي تجعل الناس تنفر من حولك، فالغيرة أحيانًا تكون نتائجها إيجابية ترفع بها من كيانك وأحيانًا تكون أخطاء تدمر بها حياتك، لذلك حاول واستمر وأعلم أن الغيرة نصائحها جميلة والركون إليها أحيانًا أجمل وفي نفس الوقت أنت من تحددها؛ هل هي الدافع لتقدمك أو هي العامل لإسقاطك، فأعلم أن الغيرة شمسها لا تغيب عن كرامة الشخص وأن من عدمت في حياته الغيرة جعلته يصمت عن أبسط حقوقه بل جعلته يقبل بأوضاع يغير فيها عنه طبائع الناس وحياتهم، لذلك؛ عليك أن تتميز بغيرة متساوية مفاهيمها ومضبوط إتزانها ولا تجعلها شغلك الشاغل في طمس هويتك بين الناس وإستحقار ما تفعله؛ لأن الغيرة عظيمها في تحديد تصرفك والخبث في تعصبك لها تعصب يفقدك توازنك والحكمة حين إذا ضالتك إن أخذت بها فُزْتُ وإن أتممت ركونها ضرتك، لذلك؛ عليك تحديد

مفاهيم حياتك بناء على ما تغار منه؛ فما غرت منه حسن في حياتك فحين ذاك سيتبدل طموحك من فشل إلى نجاح وإن كان ما تغار منه فساد فستتحول حياتك من فشل إلى فشل   .

الاعتذار

هناك في العديد من أمور حياتنا أخطاء، هذه الاخطاء قد تكون سببًا في وقوعك أو إنتصارك؛ لأن هناك أخطاء يكون الاعتذار فيها له معنى وهناك أخطاء تجاهلها الشخص وكأنه لم يفعلها لأن عادته قد تقبلت ذلك وحياته استمرت على فعل الأخطاء دون فهم حقيقة الاعتذار، وهناك أناس يعتبرون الاعتذار جريمة وتقليل من شأنهم؛ لأن حياتهم قد أقنعتهم أن اعتذارهم جريمة والحقيقي هو أن الاعتذار في حقهم واجب وليس الاعتذار ما سيقلل من شأنهم ولكن عدم الاعتذار هو ما سيمحي حياتهم ويجعلهم أشخاص سيئيين وسط من حولهم، لذلك؛ الاعتذار هو ما يرفع كرامة الإنسان بين الناس وعدمه هو ما سيمحي كرامتهم بين الناس لأن العاقل إذا اخطأ تأسف والجاهل هو الذي إذا اخطأ تفلسف، لذلك؛ فظهور المبررات في العديد من أمور حياتك خطأ وجريمة قد عقبت بها نفسك لكي ترضيها مع أنك تعلم جيدًا أنك قد ارتكبت جرم في حق نفسك لأن اعتذارك عن ما أخطأت فيه كيان لك وعدمه محو لكيانك وشخصيتك، لذلك؛ اعتذر وأنت تعلم أن الاعتذار رفع لمكانتك ولا تحاول إحراج نفسك وشخصيتك وسط الناس حتى لا ينتقدونك وليس في حياتك المبررات الوهمية التي تجعلك تقسو في حياتك وتحسسك أنك على صواب لأن الاعتذار يرفع من شأنك ويدل على تكرمك؛ لأن كرامتك في الاعتذار واضحة معالمها وثابتة بل أنت من تجعل لنفسك شخصية ثابتة وأنت من يهدمها، فلا تحاول الوقوف دون التقدم إلى ما تريد ولا تسمح لأحد أن يوقفك عند الأخطاء على عدم الاعتذار لأنه سيغرقك وسيجعلك تعاني من ما توقفت عنده ولا تسمح في حياتك لأحد بأن يستغل أخطائك في الوقوع في أخطاء كبيرة لا تستطيع أن تعتذر فيها حين ذاك واستعمل

الاعتذار فيما يضيع لك وقتك ولا تجعل الاعتذار بينك وبين ما تريد إثباته لنفسك، فالاعتذار ليس جريمة إن كان ما وراءه سيجعل حياتك في أمور ليس لها قيمة في حياتك، لذلك؛ لا تحسب أن الاعتذار نتيجة الأخطاء لكنه مكانة لك للوقوف على غاية معينة تصلح بها كيانك كشخص وسط المجتمع ووسط من تحب، فالاعتذار سيرفع من مكانتك ويعلي من قدرك بل سيمنحك قدرات على صنع أشياء جميلة لا تجبرك بعد ذلك عواقبها إلى الاعتذار وأجعل لنفسك دائما ود في علاقتك مع نفسك واستعمل كل ما احتوته حياتك وتمكنت منه للوصول إلى غاية معينة ولا تحتسب الاعتذار جريمة، فالجريمة عندما تخطىء وتظن نفسك على صواب أو أنك تنكر الخطأ رغم علمك به أنه خطأ ولا ترد اعتذار أحد حتى ولو لم تتقبله حياتك؛ لأنه ربما جاء على نفسه من أجل أن يقوم بتقديرك بين الناس وأجعل مكانته لديك مكانة و التمس الاعذار له ولا تحاول يومًا أن تثقل عليه في شيء حتى لا تحمله الهموم مصائب الاعتذار وأحتفظ بمكانتك عند الناس بحسن ما تفعله، فالاعتذار لا يجعلك سيء بل يجعلك تعيش أفضل الأوقات وأفضل إرتياح وأفضل تصالح مع النفس، والتصالح هو أن تحتفظ بما أخطأت واعتذرت به وإن لم تخطئ لا تقلل من الاعتذار لأن التبادر به يجعلك تعيش أفضل الأخلاق التي تعلي من مكانتك في المجتمع وتحفظ لك مكانتك بين قلوب الناس، لذلك؛ حاول أن تكون إيجابيًا في كل شيء وأعلم أن الاعتذار ليس جريمة في حقك بل هو الشيء الوحيد الذي يجعلك تسمو وتعلو ويظهر في غالب الأحيان صدق نيتك.

الاهتمام

الإهتمام يعد أبرز الوسائل التي ترتب لك العديد من أمور النجاح في حياتك وهي الجزء الذي ينقص لك العديد من الأشياء المفقودة التي ظللت تبحث عنها كثيرًا بل إن الإهتمام يعد أكبر داعم للإنسان للوصول إلى غاية عظيمة و إلى أشياء تمنيت وجودها في حياتك لأن الإهتمام شيء نابع بداخلك ودافع لتقدمك إلى الأمام بل إنه هو الركيزة الأساسية التي ترتب لك الأمور الناقصة وتوضحها لك وهو الذي يجعلك تعيش أفضل الأوقات الممتعة التي ترسم قرارات بداخلك وتعطيك حافزًا للتقدم نحو مستقبل تتمناه، لذلك؛ فالاهتمام بالنفس من أعظم الدروس المستفادة في حياتك لأنه يرسمك أمام نفسك ويعدل من شخصيتك في المجتمع وهو الذي يجعلك تعيش حياة مليئة بالإنضباط والتوازن بل سيجعلك الإهتمام تتقدم للأمام ويرسم أشياء فقدت لمجرد تمنيها في حياتك، لذلك؛ أعتني بالإهتمام لأنه هو أهم السبل التي تجعلك منظم في حياتك وهو الذي يستجمع في حياتك أشياء جميلة تكون معها قوانين قد رسمتها وبنيت عليها أشياء بداخلك، فالإهتمام كيان يسير معك حيث تسير والإعتناء به في حياتك سيجعلك منظم في كل شيء بل سيتقدم بك إلي الأمام لأن الإهتمام هو أول شيء يرتب لك أولوياتك ويحدد لك مفاهيم جميلة كنت تريدها، لذلك؛ لا تجعل من إهمالك سبيل لتفارق الناس من حولك فأجعل الإهتمام أول السبل التي تقربك منهم، فعندما تهتم بأمور من حولك وقتها هم من سيفرحون بإهتمامك بهم وعندما تقع في مصائب الحياة هم أول من سيخرجونك منها، لذلك؛ لا تهمل أحد في حياتك ولا تجعل الإهتمام بنفسك فقط حتى لا تغلبك قرارات الناس أنك شخص لا يحب إلا نفسه وأعلم أن السوابق في حياتك سينظمها

أشياء كنت تحترم إهتمامها في حياتك، لذلك؛ عليك أن تحدد أولويات الإهتمام وعليك أن تدرك أن الإهتمام دائمًا لا يأتي إلا من قلب صادق يتمنى شعور صادق مع من يهتم بهم لأنه جاء عن رغبتك وجاء عن حسن إختيارك لمن تهتم بهم فلا تحاول يوم أن تهمل أحد جعلك في مقدمة إهتمامه ولا تحاول يوم إيذاء أحد أهتم بتفاصيل حياتك حتى يحسنها ولا تلتفت يومًا إلى من أهتم بحياتك ليسقطها وأجعل مكانة الإهتمام أسلوب تعبر في حياتك إلى أقرب الحدود الغير متناهية ولا تجعل قوانينه تسير في إتجاه معاكس لك حتى لا يتملك منك الإهمال، فحكمتك في الحياة أن ترتب أولوياتك وتحدد أوجه الإهتمام فيها، لذلك؛ فالإهتمام ركيزة أساسية تعبر عن شخصيتك وكيان تعبر به إلى حياة ناجحة لا شقاء فيها وعليك أن تعلم أنه قد يغفر لك كل ما فعلته في حياتهم ولا يغفر لك الإهتمام، لذلك؛ فالإهتمام صورة كثيرة ومغفرة قليلة لأنه هو الذي يجعلك تعيش في أعين من حولك ويجعلك تعيش أبسط أنواع الفرح وكأنها خلقت من أجلك، فعليك أن تحاول مرة تلو الأخرى أن تجعل الإهتمام شغلك الشاغل في إقتراب الناس من حولك لأن إهتمامك بالتفاصيل وإن كانت صغيرة حتمًا ستجعلك كبيرًا في أعينهم بل سيرسم أمامك طموحات وأحلام جميلة لا يستنكر وجدانها أحد في حياتك بل ستعبر بها يوم إلى ما تريد لأن إهتمامك البالغ فيها سيجعلك تصل إلى الغاية التي ظللت تبحث عن وجدانها في حياتك ولا تحاول يومًا أن تهمل كل من حولك حتى لا يرسلك إهمالك يوم في طريق مظلم تعيش فيه وحيدًا طوال حياتك وتتمنى يوم الخروج من واقعه ولا تجد طريقة له، لذلك؛ فالإهتمام أبرز وسائله العناية بمن حولك وبشخصيتك والحفاظ على القيم التي تحدد بها أولوياتك وتتحكم بها في جميع قرارتك .

الكسل

قد يحاوطك أوهام وتحاول حياتك الخروج من واقعها المؤلم لكن عزيمتك التي أظلمت بداخلها، كل أوجه التحدي قد أشعلها الهبوط حتى ركنت إلى مواطن الكسل عن رضا منها لأنها لم تستعيد هدف يستطيع أن يوقفها على طموح وأحلام ستستمر في حياتك، لذلك؛ لا تظن الكسل وسيلة لعبورك أو لراحتك بل هو الشخص السيء التي تستعمله الحياة من أجل أن لا يقف على تحدي ممكن؛ لأن الكسل أصعب أنواع الإرهاق في حياتك وهو أصعب أنواع الإحباط التي تركن له حياتك حتى يوصلها إلى درجة الإحباط التي لا تثمر في حياتك هدف أو تبني طموحات تمنيتها وقررت إبقاءها في حياتك، لأن الكسل لا يجعلك تعاني فقط بل سيكون سبب في ضياع كل من تعلق به من مستقبلك، فالكسل دائمًا أصحابه ليس عندهم هدف وليس طريقهم الواصل إلى النجاح متصل لأنهم قتلوه بإحباطهم وعلقوا جميع المبررات على ضغوطات الحياة التي لم يتحركوا لإصلاحها، بل علقوا الذنب عليها حتى كادت تشتكي من هول ما فعلوه فيها؛ لا تحاول يوم أن تضع الكسل عنوان لترك الأشياء ولا تحاول يوم أن تضعه في مقدمة حياتك لأنه غاية فاسدة تقتل جسدك وتدمر أشياء بداخلك وتعطل قرارات أناس من حولك تعلق مستقبلهم بمستقبلك وقد يوصلك بهذا أن الكسل يضع الإهمال في حياتك حتى لا تكاد تبصر تحديات دامت في حياتك وقتلتها بكل أنواع الكسل حتى أبصرت حياتك وكأنك لم تصنع شيء يفيدك وتبنته وقتها حياتك بالمستحيل، لذلك؛ لا تعبث في حياتك ولا تجعل الكسل محطة إهمال توصلك إلى اليأس وتجعلك وقتها تخرج كل عواقب الحياة على أنها من أفسدت عليك راحتك في توقيت أنت لم تتحرك للوصول إلى ما تمنته حياتك وأفسدها

الكسل الذي لم تتحرك يوم للخلاص منه، لذلك؛ فالكسل عندما يتمكن منك يخرج منه كل أنواع الفقر بل سيجعلك تعاني من أمراض الإكتئاب ولا تتقدم به حياتك إلى الأمام أبدًا بل سيجعلك تعيش في فقر الوهم وفقر الحياة حتى تظن نفسك أن الأمل في حياتك قد انعدم وأن الكسل الذي تمكن منك قد أفسد حياة الأخرين من حولك وكان عامل من عوامل إرهاقهم فلا تحاول يوم أن تجعل الكسل في حياتك ولا تحاول الإستسلام له لأنه لا ينتج عنه إلا دمار حياتك وإفساد طموحات دامت في حياتك بل إنه سيهدم كل ما وقعت عليه عينك ووصلت إليه، لذلك؛ الكسل إذا زرع في حياتك لا شك أن الحصاد سيكون فقر ولا شك أن ما وضعت عليه رأسك لتستريح هو أول طريق التعب في حياتك فلا تحاول يوم أن تستسلم للكسل ولا جرائمه حتى لا يأتي عليك ساعات تقتل تتمنى فيها أن تقف وتدرك أن الوقت قد مر وتدرك أن حياتك لا سبيل لها للوقوف مرة أخرى لأن كسلك قد أفسد كل من حولك وجعلهم يتجنبونك بل ستدرك بعد كل هذا أن ما وصلت إليه جعل كل ما ضاع في حياتك لا يمكن لك أن تسترجعه مرة أخرى ولا يمكن لك إستعادة ثقتهم حتى وإن عبر بك الزمان إلى تقدم لأنك عودتهم على أنك شخص لا يثمر شيء في حياته ولا يتقدم إلا بصعوبة بل سيحملك كل من حولك أعباء ما فعلته ولا يجعلوك في مقدمة أهدافهم يوم بل سيضربون بك الأمثال في الإحباط وسيجعلونك شماعة يتعلق عليها جميع أخطائهم لأنك كنت سببًا فيها ولأنك أوقفت حياتهم على قرارات أنت قد هدمتها بركونك إلى الكسل وقد توقفت عندها حياتهم، لذلك؛ لا تحاول أن تستمر في قرارات ظننت أن حياتك ستستريح بسببها في وقت أتعبت فيه كل من حولك وقتلت حلم دام في حياتهم.

طبائع في حياتنا

أحيانًا تختلف طبيعتنا من شخص إلى أخر وأحيانًا يستنكر بعض الناس طباعك لمجرد أنها لا تتناسب مع طبائعهم وأحيانًا تدرك عقليتك طبائع مختلفة قد تناسب حياتك وقد تضطر إلى التناسق معها لتعيش واقعها، فالطبائع قيم وعرف في حياتك قد تأخذها من أسرة تعيش معها وقد يعلمك أيها الواقع وأحيانًا تختلف طبيعتك مع الحياة التي تضطرب طبائعها وإختلافها في ظل ما تتبناه، لذلك؛ لا تحسب أن الطبائع المستنكرة من أشخاص من حولك هي من فعلهم بل لأن الواقع الذي يعيشونه هو من حدد طبيعتهم وجعلهم وإن كانوا مختلفين معك إلا أنهم يتفقون معك في أشياء ويخالفونك في أشياء، لذلك؛ لا تنكر طبائع الناس لأنهم اكتسبوها في حياتهم من عرفهم فإن كان عرفهم صالح فطبيعتهم صالحة وإن كان عرفهم سيء فكل طبائعهم أسوء فلا تحاول يوم أن تتنازل عن طبيعة حياتك حتى وإن أعطتك الحياة كل وسائلها ولا تحاول يوم أن تنكر طبائع من حولك أو من جمعتك الحياة بهم لأنهم اكتسبوها في حياتهم من أجل أن يكونوا أقوياء، فالطبع روح في الإنسان أما أن تحملك إلى بر الأمان وتجعلك تتلاءم معها وإما أن تهوى بك في ظلمات الحياة وتفسد عليك راحتك، لذلك؛ كن بطبيعتك وإن اختلت كل الوسائل من حولك ولا تحاول أن تستقل نفسك في طبائع الأخرين حتى لا تسقط هويتك في قاع البحر وتصير بها غريق في أوهام الواقع وإن اختلفت طبيعتك فلا تختلف شخصيتك، فالإجتماعية هي أن تتماشى مع كل العصور دون أن تتنازل عن عرفك الذي تربيت عليه وحاول أن تدرك أن طبيعتك نابعة من أعراف قوم عاشوا عليها وتولدها أجيال من خلفهم، لذلك؛ الطبائع الحسنة تستقبلها النفس والطبائع السيئة تستنكرها النفس

حتى وإن أتفق عليها قوم والطبائع الحسنه ترحب بها النفس حتى وإن اختلف عليها قوم، لذلك؛ تقبل طبائع الأخرين وشخصياتهم ولا تحاول فرض طبائعك على قوم ينكرونها واستعمل العقل في التعامل مع ما يتعارفون عليه حتى يظن هؤلاء أنك مثلهم، لذلك؛ فالطبع الحسن يلف حوله أشياء جميلة والطبع السيء تنفر عنه الناس، لذلك؛ عليك أن تعلم أن الطبائع وإن اختلفت يوم قد تجمعها الأيام وأعلم أن ما تعارفت عليه نفسك سيأتي قوم ينكروه لأن الطبائع المختلفة تحاول إنكار ما كان مستحيل حدوثه في عينك، فلا تحاول يوم أن تهوى بك الرياح في مكان لا تعلم إلى أين تهوي بك فيه طبائعه ولا تسمح لأحد بأن يغير ما في داخلك من طباع حتى وإن أنكرتها البيئة، و دع البيئة تعلمك شيء إن كنت تريد الإستمتاع بما فرضته على غيرك، فالطباع السليمة ينبت زرعها وتحصده والطباع السيئة تموت وتفني فلا تحاول يوم أن تجعل طباعك مختلفة عن من حولك ولا تحاول يوم إفساد طبائعهم والتزم في حياتك بقوانين قوم لا يغيرها الزمان ولا يستنسخ منها شيء، لذلك؛ فالطباع كيان يسير حيث تسير الأيام و روح عند أناس وعقيدة لا تنفك عن حياتهم إلا بالموت، لذلك؛ لا تحملك نفسك طباع في إجتماعيات مختلفة ولا تحاول يوم أن تغير طبائع دام وجدانها في حياة أناس عاشوا هم وعاش أجدادهم عليها ولا تسمح لحياتك بأن تنكر على قوم طبائعهم حتى وإن أنكرتها حياتك، فالصحيح إن كان خطأ في حياة قوم إلا أنه لا يحق لك أن تنكر عليهم ولكن عليك أن تفعل الصحيح أمامهم حتى يتعلمونه منك ولا تحاول أن تفسد على قوم طبائع شخصياتهم ولا أن تعكر صفوهم ولا تسمح يوم لطبائع أن تستغل أصعب المواقف لتضعك في وضع محرج أو أن تنقص من شخصيتك عند قوم وثقوا أنك مثلهم، لذلك؛ فالطبائع وإن اختلفت إلا أن الأجساد واحدة وإن اختلفت كياناتها

وطرقها؛ تجمعها قلوب صافية ينبع من داخلها أشخاص صادقين تحملوا إختلافك حتى تعيش مع حياتهم في أحسن حال ممكن وتتميز حياتهم بوجودكم ويحاولون العبور مع طبائعكم إلى أقرب الحدود الممكنة حتى تتقابل القلوب مع بعضها وتتعايش مع مجتمع يقبل كل أنواع الطبائع السليمة في حياتكم .

الوقت

أحيانًا وتحديدًا في أوقات صعبة ووسط زحام الأحداث يفتقد الشخص إلى الوقت الكافي لكي يستريح وأحيانًا تضغط عليه الحياة في الإنشغال حتى لا يستطيع أن يعرف أهمية إستثمار الوقت أو قيمة الوقت المهدر في حياته، الوقت غنيمة في حياتك قد تضيعها في فراغات لا قيمة لها وقد تضيعها في أشياء تأكل من عمرك وحياتك لأنك جعلت قيمة الوقت المهدر أكبر من قيمة ما استغللته في حياته، لذلك؛ فالحياة قد تأخذ مجهودك وتلقيه في القمامة أو تأكل عمرك بسبب إهدارك لأكبر جزء مستغل في حياتك في أشياء تافهة لا تعطي معنى قائم في حياتك ولا تثمر عن هدف ينبغي أن تصل إليه، لذلك؛ عليك أن تستغل أفضل الأوقات المهدرة في البقاء في طريق يرسم أهداف سامية في حياتك ويوصلك إلى أقرب القرارات التي تعيش بها حياتك وتبني بها أمالك وطموحاتك، فلقد سمعت يوم جملة أظنها كانت قانون سائد في حياتي لعدم إهدار الوقت في فراغ قاتل وكلما حاولت نفسي أن تطاوعني على إهدار الوقت تذكرها، الوقت نفس إذا أضعته ضيعت عمرك وإذا استثمرته كسبت كل الأهداف حتى وإن كان يتبنى جزء منها فشل، فالوقت هو ما يستغل لرفع أهدافك إلى أعلى أمجاد المستقبل، فالناجحين في حياتهم سبب نجاحهم إستغلالهم لأوقاتهم والفاشلون ما فشلوا إلا بإهدارهم لأوقاتهم فلا تحسب يوم أن الوقت المهدر من حياتك هو ما سيجعلك تبني وتعمر إنما هو الجزء السائد في هدم عوامل البناء في الأسرة وفي كيان مجتمعات، فالغرب ما تطورت أفكارهم إلا على إستغلال أوقاتهم وبنائهم لكيانات كبيرة من خلال المحافظة على أوقاتهم، لذلك؛ لا تجعل حياتك في مستنقع غافل فيه عن تأدية واجباتك

129

ولا تترك حياتك وعمرك يضيع بسبب أشياء لا تثمر ولا تبني في حياتك هدف، فالوقت إن ضاع من حياتك وإن عاقبت نفسك بضياعه ستعلم وقتها أن كل ما مر في حياتك مرحلة توقف لا تثمر بها أهداف ولا توصلك يوم إلى ما ترد، وهناك أوقات ستحاول إستغلالها في شيء يفيدك ولكن سيحاوطك خلالها فشل لا تدري من أين يأتي بل ستعاقب كل أنواع المشقة عندما تتخطي جميع العواقب التي أوقفت جزء في حياتك، فلا تحاول ضياع الوقت في حياتك ولا تجعل الناس يستغلون مواقف كبيرة في حياتك من أجل إهدارك لقيمة الوقت وتوابعه ولا تحاسب الناس على اشغالهم لك، فلو أردت لجعلت لوقتك حساب خاص به ترتب من خلاله أولويات ناجحة وتجعل ثوابته تسير معك حيث تسير، لذلك؛ تعقب الخطوات الناجحة التي تستثمر فيها كل ما أهدرته من الوقت ولا تجعل قيمة الوقت جزء مهدر في حياتك ولا تحاول يوم أن تفرض عواقبه على الأجزاء التي بداخلك ولا تحمل الناس من عولك أعباءه و استمتع بأفضل الأوقات وتجنب أن تجعل إهدار الوقت وسيلة للعيش في فراغ لأنك حين ذاك تدمر الأمال والطموحات التي استنسختها حياتك، لذلك؛ لا تبحث طوال الوقت عن الأشياء التي أبعدتها عينك عنك لأن الطريق وقتها سيكون طويلًا وسيهلك من حياتك أشياء جميلة ولا يعود نفعها على حياتك بشيء، فلا تحاول الوقوف على أشياء ليس لها مغيرات في حياتك ولا تفتح أبواب أغلقت حتى لا تسبب في حياتك إنشغالات واهية لا تدري في أنها تضيع وقتك ولا تدري أين تذهب بك الحياة إلى أبعدها، فلا تحاول ضياع الوقت في جزء فارغ من حياتك لأن الوقت أنفس ما عنيت بحفظه و أراه أسهل ما عليك يضيعوا، لذلك؛ الوقت أهم جزء في حياتك، والوقت العناية به يجعلك تتمتع بإحدى أدوات النجاح و إحدى السبل المؤدية إلى التفوق في حياتك، فلا تعاتب

الزمان على أسرار جاسمة لا تثمن حياتك فيها، بل أنت الذي جعلتها كذلك بإهدار جزء كبير في حياتك وضياع الوقت في فراغات لا قيمة لها ولا تثمر فيها حياتك ولا تقدر بها على بناء مستقبل تتمتع به حياتك وتبني به طموحات دامت في عرف أهدافك .

الفهرس